U0059803

大都會文化
METROPOLITAN CULTURE

大都會文化
METROPOLITAN CULTURE

有一種境界叫
捨得

前言

「捨得」者，實無所「捨」，亦無所「得」。在得與失之間，要做大膽地取捨，這是中華民族五千年古老智慧的精髓。

萬物循環往復，世事滄桑變幻，人生沉浮不定，均在捨得之中達到和諧統一。「捨」與「得」雖是反意，卻是一物的兩面，既對立又統一，是一個矛盾統一體。「捨」是放棄，卻成了成因，結出了「得」的成果，不捨者不得，得亦因捨而得。

世間，人們往往面臨多種選擇，取捨往往亂人心扉。對此，很多人眉頭緊鎖，給自己的心靈加了鏽跡斑斑的鐵鎖，於是生活的歡欣和幸福都被鎖住了。怎麼能夠解頤呢？正所謂「魚和熊掌不可兼得」、「自古忠孝難兩全」，在面臨選擇時要看到事物的大體趨勢和重點，學會捨棄，而非一味索取。

「捨得」是一種人生態度。人不到一定境界，是不會明白「捨得」兩字的真正含義的。捨並不意味放棄，而在於將來更高層次的獲得。這不是一種消極的人生態度，恰好是一種可取的、清醒的人生觀。一個人只有知道自己能做什麼，才能把有限的精力集中到真正的事業上，在「捨得」之中成就自己。

捨得不僅是生活的哲學，也是為人處世的藝術。人生一世，面對無限的誘惑與磨難，往往不得不在「捨得」面前徘徊彷徨。如果貪多求全，終將一無所獲。所以，在生活中我們要學會「捨得」，只有聰明取捨，才能讓生活變得簡單，才能獲得真正重要的東西，就算是忍痛割愛也值得。昭君捨棄了錦衣玉食的宮廷生活，踏上了黃沙漫天的西域之路，卻得到了天下的一度太平與後世的無限讚美；李白捨棄了富貴，卻留住了「安能摧眉折腰事權貴，使我不得開心顏」的傲骨……他們捨棄了功名、地位甚至是生命，得到的卻是更珍貴的人格的昇華。

如果捨棄不了，也許擁有就是沉重的包袱。捨得一些東西，珍惜已選擇的東西，身上輕一點，內心單純一點，我們可以跑得更快一點。明辨「捨得」之變，就能領略「捨得」之奧，使得心境平和通達，把有限的生命融入無限的大智慧中，在有限的時間內做最有效的事情，可以觀古今於須臾，扶四海於一瞬，成就一番偉業！

境界是發自於內心、無可取代的力量。「捨得」幾乎囊括了人生所有的真知妙諦。只要懂得捨與得，便能在生活、事業、人生中達到和諧統一。

《有一種境界叫捨得》涵蓋了諸多方面的內容，以獨特的視角闡明：捨得，是一種大境界；是人生各個階段必須面對的挑戰；是人們在社會生活中應該掌握的生存藝術；是一堂人生的必修課。

本書從傳統哲學儒道入手，結合生活中的事例，對捨與得進行評論，用通俗的評議剖析人性的弱點，闡述深刻的生活智慧，並總結出做人做事的成功法則，進而幫助你更開心地生活，更快速地成就事業。

目錄

第三章　進退有數，把握取捨的藝術　083

第四章 捨得之道，為人處世的聖經 121

第五章 完美生活，捨得乃是引路人 163

第六章　感悟捨得，品味人生　213

第一章

庸人自擾，人生何必太計較

捨得，有得必有失，有捨必有得。其實這是一種智慧，更是一種境界。

人生短短幾十年，要做的事太多，沒有時間去計較一分一毫的得失，不用把自己的每一步都當成神聖的一步，如果每個人都可以讓自己處於這種不計較的高貴心態之中，那麼人生就會更加絢麗多彩。

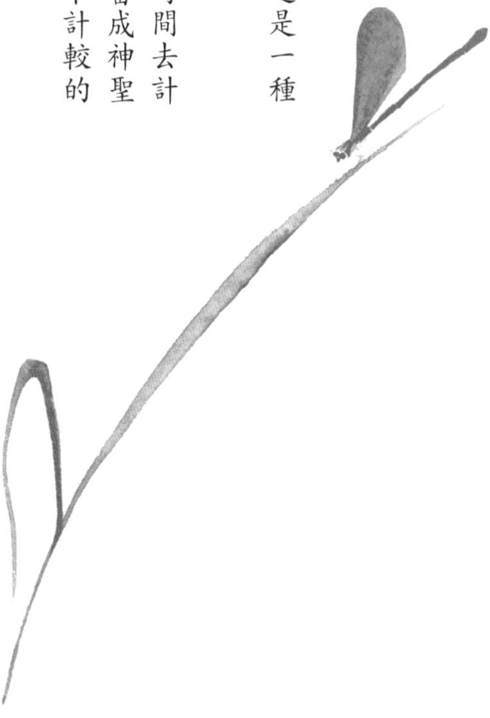

1・心胸開闊天地寬

將軍額上能跑馬，宰相肚裏能撐船。——王安石

從古到今，凡是成功的人士，他們都是胸懷大志、目光高遠、寬大為懷、置區區小利而不顧的仁人志士，他們都知道一個道理：寬厚待人，容納非議，乃事業成功、家庭幸福美滿之道。他們是真正懂得「取捨」之道的人。那些鼠肚雞腸，競小爭微，對蠅頭小利也耿耿於懷的人，很難出人頭地。所以，一個人要想在社會上立足，想做出自己的一番事業，就必須有大海一樣的胸懷。

有一副名聯說：「大肚能容，容天下難容之事；開懷一笑，笑世界可笑之人。」古人還說：「海納百川，有容乃大；壁立千仞，無欲則剛。」這些話強調的都是為人處世要豁達大度，發生衝突時要懷抱開放之心態，寬以待人。

是的，一個人如果真正地擁有了比海洋和天空還要寬闊的胸懷，那他無論遇到什麼難題，都會想得通，都會正確地去對待和處理。以寬宏大度的態度去對待

別人，是一種美德、一種風度、一種仁愛無私的境界。人生之路需要寬以待人，成功之路更需寬以待人。

心胸開闊，煩惱自然少

無論是在工作還是在生活之中，都常常聽到這樣的聲音：我工作那麼努力，老闆卻給我那麼少的獎金；我為她付出了那麼多，她怎麼就不知道回報我一點呢；小王昨天說的那句話，是針對我的嗎？我有什麼地方對不起他嗎……諸如此類的話，也許我們也曾經說過。

其實我們不是煩惱太多，而是胸懷不夠開闊。生活中，有很多這樣的人，他們總是抱怨自己過得不好，不如別人幸福，因此，他們總是處於一種不開心的狀態。其實，世界上幸福的人，不是擁有的太多，而是計較的很少。敞開你的胸懷，你會發現，原來世界這麼的美好！

一個人只有包容才能不斷壯大，才能吐故納新，生生不息。關於人的胸懷，有這麼一個故事：在印度有一位著名的哲學大師，在他的眾多弟子中，有一個弟子經常牢騷滿腹，怨天尤人，不是抱怨別人對他不好，就是抱怨飯菜不合口味。

哲學大師為了開導這個鼠肚雞腸、心胸狹窄的弟子，就叫他到市場中去買鹽。鹽買回之後，大師吩咐這個每天都不快活的弟子抓一把鹽放在一杯水中，然後喝下去。

「味道如何？」大師問。這位弟子皺著眉頭說：「鹹得發苦。」大師又叫他抓一把放在缸中，再叫他嚐嚐味道，弟子說：「有一點點鹹。」大師又吩咐他把剩下的鹽都撒進附近的湖裏，然後又叫他去嚐，這位弟子捧了一口湖水嚐了嚐，大師問道：「什麼味道？」「好像一點鹹味也沒有。」弟子答道。

哲學大師趁機教導這位弟子說：「一個人生活中的不快和痛苦，就像這鹽的鹹味。我們所能感覺和體驗的程度取決於我們將它放在多大的容器裏，所以，當你處於痛苦時，請開闊你的胸懷。」

是的，你的胸懷就是你生活中的容器。當你感覺命運對你不公的時候，當你慨歎世態炎涼的時候，當你對生活感到不盡如人意的時候，當你工作中感到煩惱不順的時候，你就要放開自己的胸懷。在寬廣的胸懷裏，一切不快和痛苦都顯得那麼微不足道；在寬廣的胸懷裏，你將會活得快樂，過得幸福。

讓他三尺又何妨

在日常生活中，人與人之間難免會出現一些不愉快的事情，在這種情況下，放開胸懷，學會寬容，你就會贏得一個良好的人際關係，贏得別人的尊重。寬廣的胸懷，如一條清澈的河，能平息、化解人們心頭的火；寬廣的胸懷，就像柔和的風，能吹走人們心頭浮動的陰雲；寬廣的胸懷，更像萬里晴空中的陽光，能融化封凍在心裏的那條誤會的冰河。

在安徽的桐城有個「六尺巷」，遠近聞名。據《桐城縣誌略》記載：大清康熙年間，文華殿大學士、禮部尚書張英世居桐城，其府第與吳宅為鄰。一次家人修建房子，因地基與鄰居發生爭執，家人為此修書信告知張英，想通過他在朝中做官這一特權，得到地方官員的庇護，打贏這場官司。張英閱信後坦然一笑，揮筆寫了一封信，並附詩一首：千里修書只為牆，讓他三尺有何妨？萬里長城今猶在，不見當年秦始皇。家人接信後按其吩咐，主動讓地三尺，而鄰居吳氏也深受感動，退地三尺建宅置院。於是兩家的院牆之間有一條寬六尺的巷子，名為「六尺巷」。兩家禮讓之舉也被傳為美談。

這個化干戈為玉帛的故事流傳至今。為利益爭吵不休，可能導致無路可行，巷寬僅六尺，心路之寬卻無可量計。但是，現實生活中，多數人會為了一點小事而互相謾罵，甚至反目成仇、對簿公堂。如果他們對對方能多一點寬容，就不會針尖對麥芒，「干戈」也將化為「玉帛」，人與人之間就能和諧相處。

人們常說：「唯寬可以容人，唯厚可以載物。」在為人處世的過程中，只有心胸寬廣，才會寬容別人；也只有寬廣的胸懷，才能接納和容忍別人。當你和別人發生矛盾時，你不妨對自己說：「讓他三尺又何妨？」

容量大則福大，以寬大的胸懷包容對方，往往是後福無窮。能真正懂得禮讓的人，人生的道路會越走越寬、越走越廣。

智慧品人生

你的胸懷越廣，包容的東西就越多，那麼你獲得的也就越多。留一步路寬，讓一份人前，學會「釋懷」方見天地寬。

2．埋葬過去，開闢未來

過去屬於死神，未來屬於自己。——雪萊

人生會不斷面臨新的開始，昨天過去了，明天又是新的一天。昨天，也許你擁有一段令人無比羨慕的成功，也許你品嘗了一段刻骨銘心的悲傷，或欣喜若狂，或愁雲滿面，你不必留戀也不必在意，因為成功也好，失敗也好，明天都會重新開始，要去重新開拓自己的人生。

昨天失敗了，不要緊，忘了它，總結失敗的教訓，繼續新的努力。即使昨天是成功的，那成績也只代表過去，明天依舊要重新開始。一個沉湎於過去的人，成功是永遠不會屬於他的。

過去不等於未來

在人的一生中，誰都不可能是一帆風順的，總會遇到一些麻煩和挫折。面對這些問題，每個人都會有一套自己的解決方法，有人會一個人看看書，聽聽音樂，或者乾脆出門散散心，然後第二天照常投入到工作和學習中；也有人會沉浸在痛苦中無法自拔，並苦苦地追問答案。

其實，昨天並不能代表什麼，不管昨天有多長，也不管是受到挫折，還是取得輝煌，都只能代表過去。過去的成敗，也已是過眼雲煙了，未來要靠現在。過去成功了，不等於未來還會成功；過去失敗了，也不等於未來還會失敗。成敗都不是結果，它只是人生過程中的一個事件。

人生最重要的不是你從哪裏來，而是你要到哪裏去。不論過去怎麼不幸，如何平庸，都不重要，重要的是你對未來必須充滿希望。只要你對未來充滿希望，你現在就會充滿力量。

一個人不必為昨天的挫折失敗而頹喪氣餒、萎靡不振，也不必為昨天的勝利輝煌而沾沾自喜、狂妄自大。只有把昨天的挫折與輝煌都當做墊腳石，做好走向明天的準備，才能順利到達更美好的明天。

曾經有這樣一個青年，他原來生活奢侈，揮金如土。後來他意識到自己應該去過一種奮發向上的生活，便毅然告別那段紙醉金迷的日子。他勤奮寫作，筆耕不輟，終於成為舉世聞名的文學家。這個青年就是俄國大文豪列夫·托爾斯泰。

中國古代也有這樣的例子，晉國大夫周處年少時粗暴無理，人們對他避而遠之，他很想改過自新，但又覺得年華已逝，前途迷茫，然而在朋友的幫助下，他痛改前非，最終成為一代名臣。

過去屬於死神，未來屬於自己。過去與未來永遠不能畫上等號，因為昨天的陽光燦爛不代表明天的陽光明媚；昨日的慘痛失敗並不代表明日之路艱難坎坷；昨天的光輝歷史不代表明日的卓越成就。所以，請把你的過去交給死神，把未來留給自己。讓過去成為歷史，才能展望美好的未來！

「過去不等於未來」的觀念，要求我們用發展的眼光看待自己、看待成功。成功與目前的境況無關，過去的都過去了，關鍵是未來。過去決定了現在，但不能決定未來，只有現在的付出及正確選擇，才能讓我們未來的道路走得更順暢。

結束過去，開創未來

回首過去，不管是快樂還是傷心，已經煙消雲散，一切都變得無跡可尋。我們的生命在日復一日地循環中慢慢地成長和完善起來，不要讓昨天的記憶活在現實中，新的生活需要我們有新的感悟。我們必須在不同的生活階段有不同的領悟，才能充滿生機地去迎接生命中每個新的開始。

有這樣一個寓言故事：烏鴉、海鷗和麻雀聽說大海是個廣闊的市場，有很大的發展前景，到那裏的人們都能掙到很多錢。為了能夠跨入富人的行列，牠們三個決定一起去闖蕩一番。

烏鴉想做服裝生意，於是進了各式各樣的衣服。海鷗想：「海上的人食物很單調，我就販賣罐頭吧，不會變質，肯定受歡迎。」麻雀也變賣了所有的家當，又四處奔波，東挪西借，湊到一筆本錢帶上了。於是，牠們懷著各自美好的夢想上船了。

但是，事情並沒有牠們想像中的那麼順利，牠們的美夢很快就破滅了，一場突如其來的暴風驟雨把牠們的船打翻了。麻雀裝本錢的箱子，還有烏鴉和海鷗的貨物全都沉到了海底。唯一幸運的是，牠們三個都平平安安地回到了陸地上。

這一場風波對牠們的打擊非常大，牠們都不甘心夢想就這樣破滅了。烏鴉一直在想，說不定自己的衣服被海上的人揀到了穿在身上，於是派牠的親戚朋友站在路邊，有人路過就拉住不放，看看究竟是不是自己的衣服；麻雀垂頭喪氣，擔心遇到債主，白天就躲藏起來，到了夜深人靜的時候才謹慎地出來覓食；海鷗也心有不甘，整天在海上盤旋，琢磨著罐頭可能會沉到什麼地方，時不時潛下水去尋找。就這樣，牠們三個一直在尋找和躲避已經逝去的東西，卻沒有想過怎樣才能結束過去，重新開創未來。所以直到牠們老去，仍然一事無成。

智慧品人生

如果我們一直活在對過去的回憶裏，即使是快樂的回憶，也不可能對以後的成功有所幫助。生命不止，變化就不會止，世界在變，人們的看法在變，過去的日子永遠跟不上現在的步伐。過去的輝煌只停留在過去，而人應該不斷地進步，只有不斷進步才有可能創造一個輝煌的明天。

3・人生得失尋常事

我將於茫茫人海中訪我唯一靈魂的伴侶，得之我幸，不得我命。——徐志摩

生活中，得與失原本就是和諧而有韻律的，有小失才能有大得；有局部之失，才能有整體之得。大地奉獻了泥土和水分，草木才能有鮮花和果實；失去了

春天的蔥綠，才得到了豐碩的金秋；農民付出了汗水，土地才報以豐收；樹梢翩翩起舞，難道不是風的給予嗎？魚兒活蹦亂跳，難道不是水的給予嗎？人失去了青春歲月，才能走進成熟……

人生在世，擁有和失去是常有的事情。有失必有得，有得必有失。在得到的同時，就必須要付出失去的代價。失去，本是一種痛苦，但也是一種幸福，因為失去的同時也在獲得。得到，本是一種快樂，也是一種折磨，因為在得到的同時，你也會失去很多。

人生就是這樣，不斷地在得與失之間重複。只有能保持坦然平靜的心態、拋開得與失的束縛、遠離是與非的羈絆的人，才能活出精彩人生！

得中有失，失中有得

大千世界，得與失形影相隨：生命在一點一滴凝聚的同時，也在一分一秒地逝去。當我們擁有青春時，卻失去了無憂無慮的童年；當我們融入社會，學會了左右逢源時，卻失去了原有的純真和坦蕩；享受大都市的便捷生活時，卻失去了田園生活的悠閒；貪圖財、色、官時，卻失去了做人的正氣、道德和平常心。如果把人一生的得失全部收集，得為正數，失為負數，那麼兩者相加以後所得結果應該為零，這就是世間萬物均平衡的道理。

有一個年輕人乘船去另一個地方，船快到達終點時，海上突然刮起了大風，船在巨大的風浪中沉了下去，幸運的是，他被風浪沖到了一座荒島上。每天，這個年輕人都坐在沙灘上翹首以待，希望有船來將他救出。第一天過去了，船沒有來，第二天過去了，船還沒有來，到了第三天，還是沒有船來，年輕人知道自己不能這樣苦等下去，為了能活下去，他弄來一些樹木，給自己搭建了一個能躲避風雨的簡易的「家」。

一天，年輕人外出尋找食物時，忘了熄滅火源，一場大火頃刻間把他的「家」化為灰燼。年輕人眼睜睜地看著滾滾濃煙消散在空中，悲痛交加，心中充滿了絕望，覺得自己再也活不下去了。

第二天一大早，當他還在痛苦中煎熬時，風浪拍打船體的聲音驚醒了他——一艘大船正向他駛來，他被救了上來。「這麼長時間了都沒有人發現我，你們是怎麼知道我在這裏的？」他問救他上來的人員，「我們看見你燃放的煙火信號，就順著煙火把船開過來了。」年輕人聽後，簡直不敢相信，竟是那場大火救了他。

有人說：「如果你不懂得悲傷，你就不曾真正懂得快樂。」得失就是這樣的關係。

得之坦然，失之淡然

在這個世界，人類生而獲得，卻無處不失落，面對人生的種種得失，權衡並做出選擇時那種患得患失的滋味最令人難忘。

既然得失是人生尋常事，那麼，在得與失之間，就無須不停地徘徊，更不必苦苦地掙扎，應該用一種平常心來看待。清楚什麼是自己不可或缺的，什麼是對自己毫無意義的。然後，主動放棄那些可有可無、不觸及生命意義的東西，才能得到生命中最有價值、最必需、最純粹的東西。不懂「放棄」，不能主動「放棄」的人，終將自尋煩惱。

世界上沒有絕對的利，也沒有絕對的弊，得與失也是一樣的道理。不能捨棄別人都有的，便得不到別人都沒有的。懂得生活的人失去的多，得到的更多。彌爾頓雙目失明後完成了最傑出的詩作；貝多芬雙耳失聰後創作出了最傑出的樂章；帕格尼尼在沉默中用苦難的琴弦把天才演奏到極致。這世界文化史上三大怪傑，居然一個是瞎子，一個是聾子，一個是啞巴！他們之所以有那樣的成就，是因為他們有一顆平常心，能坦然面對生活中的得與失。

命運向來是公正的，在這方面失去了，就會在另一方面得到補償。上帝關上一扇門，就會打開一扇窗。用賞識的眼光對待得與失，用良好的心態對待得與失，用長遠的眼光對待得與失，當你想明白了，想透澈了，你的心會非常透亮、輕鬆、快樂！

得與失，有時只有一線之隔，對於得失，你一定要認識分明。生活中，有的得不是想得就能得的，有的失不是想失就可失；有的得是不能得的，有的失是不應失的。誰得到了不應得到的，就會失去應該擁有的。當貪婪者取得不義之財的同時，就失去了不應失去的廉正。因此，當得者得之，當失者失之。

坦然面對得失，得之，不要大喜，不可貪得無厭；失之，切勿大悲，不可失去精神。

正確看待得失，時常提醒自己，無論得到什麼，得到之後都有可能會失去，只有在得到時懂得加倍珍惜，失去的時候才不至於無所適從。世間萬物本來就是來去無常。我們所能做、所應做的只是在「得到」時珍惜它。

智慧品人生

人生之得，當以知識之得為得，當以智慧之得為得，當以美好的親情、愛情、友情之得為得，而擁有一顆真誠的心是獲得的根本。特別要記住的是，勿不勞而獲，勿貪得無厭。否則，你的生活就會失去和諧，你的人生就會失去韻律。無論得失，重要的是無愧於心，無愧於人，唯有如此，才可以把握得失平衡，少些因得失而帶來的困擾。

坦然面對得失，需要一顆平常之心，一顆淡然之心，一顆感恩之心，一顆博愛之心。能夠坦然面對得失，才會生活，才會快樂，才會幸福。

4．山不過來，我就過去

山不過來，我就過去。——《古蘭經》

命運掌握在自己手裏，而不是在別人的手裏。如果所面對的環境無法改變，那我們就先改變自己。如果改變不了環境，就應該學會去適應，並在適應過程中提高自己的能力，改造環境，獲得快樂。山不會自己走到你的眼前，那就換個心態，我們自己走過去，其結果不是一樣嗎？

山不過來，我就過去

《古蘭經》裏有這樣一則經典故事：有一位力大無比的大師，從小立志要練就一身移山的本事，他朝著這個堅定的目標去努力，幾十年過去了，終於練成了「移山之法」。

有一天，很多人找到這位會移山的大師說：「大師，我們聽說您會移山的法術，能不能讓我們見識一下。」這位大師說：「好吧，就讓你們看看我的移山大法，我把對面那座山移過來讓你們看看吧。」說完，大師在一座山的對面坐了一會兒，一個小時過去了，對面的那座山紋絲不動，只見大師起身走到山的另一面，大部分人都嘲笑大師無能，也有一些人好奇地跟著一起往前走。

「表演完畢。」大師突然回頭對眾人說道。眾人都不知大師這是什麼意思，大師笑了笑，對眾人說：「這個世界上根本不存在什麼移山大法，唯一能夠移山的辦法就是：山不過來，我便過去。」

「移山大法」啟示人們一個道理：無論做什麼事情，都要學會轉變思維角度，學會變通。如果事情無法改變，我們就改變自己。要想事情改變，首先得改變自己，這樣才可以最終改變屬於自己的世界。「山不過來，我就過去」，反映了一種生存的智慧。

在日常生活和工作中，很多人都會被身邊的一些事情和環境所困擾，認為別人對自己不好，自己所處的環境太壞等，於是心裏就會產生不平衡，脾氣也變得暴躁，生活品質下降，工作的熱情也會受到影響。改變自己雖然是痛苦的，就像被移植的大樹，要被砍去樹枝，承受長時間的苦痛，但苦痛之後，卻會有再度的蔥蘢。

改變自己，適應環境

小劉大學畢業後，經過千辛萬苦，過五關、斬六將，終於進入了一家不錯的企業，但工作不到一年，他就決定辭職，原因是他不喜歡這份工作，認為這份工作沒有他發揮之處；他不喜歡這家公司，認為公司缺少活力。

當他決定要辭職時，就找到他的朋友小李：「你要不要跟我一起辭職，我看你做得也不是很開心。」小李點頭同意，兩個就約好一塊辭職。

但小李想了想又說：「直接這樣走不好吧，我們好聚好散，來的時候表現不錯，走的時候我們也應該給所有的同事、客戶一個好印象，我們在最後一天好好地表現，做好最後一件事情。」小劉說：「好吧，我們給自己，也給對方最後一個機會。」

第二天早上，他們八點準時來到公司，煮咖啡、泡茶，把公司整理得乾乾淨淨，並對辦公室的同事們打招呼：「嗨！早上好！」他們對所有上門的客戶態度都非常熱情，讓大家感受到他們真誠的態度。

快下班時，小劉對小李說：「我們是不是應該遞辭呈了？」此時小李卻說：「開什麼玩笑，這麼好的工作，這麼好的一家公司，我們真的要辭職嗎？」最後，小李也勸小劉留下來，說：「難道你今天沒有發現所有人對你都很熱情嗎？難道今天你沒有體現自己的價值嗎？」小劉聽了朋友的話，陷入深思中……

改變自己是適應社會的一種方法。當生活的境遇不能改變時，我們要學習改變自己。很多人覺得自己的人際關係不好、同事之間的關係緊張、家庭不和睦，總認為是別人不好，自己全都是對的，總想改變對方。事實上，這不大可能，因為對方也想讓你改變，所以到最後雙方都沒有改變。

最好的方法是在改變對方之前先改變自己，當我們在為生活或境遇煩惱苦悶時，要學會敞開一扇心靈之窗，換個角度看待生活、看待事物，不能因為一時處於惡劣的環境中就自暴自棄，止步不前。要知道，環境不是為你我而造的，我們應該學會適應它。

改變自己不是要你放棄自己的原則，而是讓自己有更多的平台、更多的機會來實現自己的理想。改變自己不是妥協，是一種以退為進的明智選擇。就好比要到達一個目標，多數情況下，直接走是行不通的，得繞個彎迂迴一下。

智慧品人生

面對不好的環境，也許我們每個人都埋怨過，灰心過，也等待過，想等待環境好了，自己再好好做。面對不好的環境，不是千方百計想辦法戰勝困難，而是先指責一番，用黃金般寶貴的光陰，換來無用的指責埋怨。其實，太多的時候，我們在想像中將困難擴大，如果你稍做一下改變，就會得到「柳暗花明又一村」的驚喜。

如果你無法改變環境，唯一的方法就是改變自己！

5．轉個彎，生活依然美好

橫看成嶺側成峰，遠近高低各不同。——蘇軾

換個角度看問題

人的一生，總免不了磕磕碰碰，像是遇到不快而生氣，或遇到天災人禍而痛不欲生等。每當這個時候，你是怎樣去處理的呢？看問題的角度不同，發現就不同，結論就不同，這會導致你心情不同，甚至影響你以後的人生。

當你自認為受到了委屈或不公平待遇時，當你出現工作失誤想怨天尤人時，不妨換個角度想想，看出一件事的不同面，讓自己從最壞的事中找到它另外的一面，從另一個角度開始，尋找另一種不一樣的風景。

有位哲人曾說：我們的痛苦不是問題的本身帶來的，而是由於我們對這些問題的看法而產生的。換個角度看自己，換個角度看世界，便是一種解脫，一種高

層次的智慧。

夏天的一個傍晚，一位船夫正準備划船上岸，突然看見有一個女人從岸邊跳到水裏，船夫趕緊把船划到她身邊，把她救了起來。

跳河的是一位美麗的少婦，看著這位年輕的女人，船夫問：「妳年紀輕輕，有什麼解決不了的事，為何尋短見？」

「我結婚才兩年，就被丈夫拋棄，接著孩子又病死了。您說我活著還有什麼樂趣？您為什麼要救我？」少婦哭泣著道。

船夫聽了她的話，沉思了一會說：「兩年前，妳是怎樣過日子的？」

少婦說：「那時我一個人，自由自在，無憂無慮……」

「那時妳有丈夫和孩子嗎？」

「沒有。」

「那麼現在妳不過是被命運之船送回兩年前。現在妳又可以自由自在、無憂無慮了，多好啊，請上岸去吧……」話音剛落，少婦恍如大夢初醒般揉了揉眼睛，又想了想，便走了。從此，她沒有再尋短見，並且開始了她的另一段人生。

船夫所做的，僅僅是從另外一個角度幫那位少婦分析了自己的人生，但是，卻讓少婦獲得了新生，看到新生活的曙光。

僅僅是因為換了一個角度看待問題，就成了兩個世界。可見，換一個角度去看問題，對我們的人生來說是多麼重要。如果我們能夠換個角度，便會看得開、放得下那些生活中不如意的人和事。

對於人生常見的失敗，我們不妨認為失敗一次就會使人對成功的內涵理解得更透澈一層；失誤一次，就會讓人對人生的醒悟更添一碼；不幸一次，就會使人對生活的理解更深一級；經過了一次磨難，就會使人對世事的認識更成熟一些。山不轉水轉，只要是有山有水，總會有柳暗花明的地方。

改變你的思維，生活依然很美好

有一對夫妻想要租一間房子，兩個人在一天之內看了好幾間房子，都沒有中意的。到了太陽快下山的時候，奇跡出現了，兩人同時看上一間他們都非常滿意的房子。

為了能快點搬進來，他們急著想付訂金，把房子訂下來。但是，房東卻是位比較「怪」的老先生：「租房子，我只有一個限制，那就是不租給有小孩子的家庭。」聽了房東的話，這對夫妻面面相覷，心頓時涼了一半，因為他們身邊帶著一個小孩子。

老婆：「現在怎麼辦？租不到房子了。」

老公：「總不可能為了租房子把小孩丟了吧！我們寧可不租他的房子。」

老婆：「可我真的很喜歡這房子……」

夫妻倆沮喪極了，牽著孩子的手正準備離開，只見小孩又回頭按電鈴，「叮咚！」房東又來開門，低頭看到小孩笑著說：「小朋友，有什麼事啊？」

小孩：「阿伯，我想租你的房子。」

房東說：「租房子？我還是那個條件，不租給有小孩子的家庭哦！」

小孩：「我知道！我還沒有小孩，我只有爸爸媽媽！你完全可以把房子租給『我』！」

房東聽了小孩的話，先是一愣，然後很乾脆地回答：「OK！租給你了。」

大人辦不成的事，一個小孩子居然辦成了。原因何在，只因為小孩子的思維和大人完全不同。有位哲人說過：「苦難是一筆最好的財富。」改變你以前固有的思維和習慣，仔細地想一想，苦難不正是對人的體魄、心理和思想的最好磨煉嗎？這種磨煉能讓人具備與逆境抗爭所必需的條件，從而走出逆境，抵達成功的彼岸。

人生也如此，你有怎樣的生活想法，便有怎樣的人生，如果你總是帶著憂鬱、杞人憂天的情緒過每一天，相信你一定會很累，但如果你積極樂觀地走過四季，真誠地過好每一天，想必你的人生畫卷上處處都會有美麗的風景！從今天開始，打破以前的固定思維，你就會開始一段美好的人生。

生活中總有許多限制，不論限制是正面的還是負面的，不假思索地跟隨只會讓人不知其所以然。你有沒有這種經驗呢？一旦工作成了一種習慣，那刻板的邏輯也就隨之而來了，有時連泡杯咖啡這樣的小事都不懂去換個角度思考，這樣的思想是很可怕的！所以，換一種思維看問題，是一種明智的選擇。當你面對缺憾心中愁苦時，就邁開智慧的雙腳走一走，換個思考方法，也許事情就會「柳暗花明又一村」。

為人父母，當兒女拒絕做家事時，請不要生氣，換個想法去想，至少他（她）待在家裏，沒有上街去胡鬧。

如果妳是妻子，當丈夫總是拿著遙控器坐在沙發上只顧著看電視時，請不要生氣，換個想法去想，至少他和妳在一起，而沒有出去喝酒應酬。

如果開割草機太累，擦洗窗子太麻煩，修理排水槽太髒，請不要生氣，換個想法去想，這都是因為你自己有幢房子。

如果老闆總是像影子一樣跟著你，嚴密地監視你做事，請不要生氣，換個想法去想，謹慎小心地工作，犯錯誤的機率會降低。

智慧品人生

在很多時候，一個人所有的苦難與煩惱，都是自己依靠過去生活中所得到的「經驗」做出的錯誤判斷，這時，我們不妨換個角度看待苦難與煩惱。「橫看成嶺側成峰，遠近高低各不同」。換個角度看人生，會有不同的景致。換個角度，就多一份成功的機會。轉一個角度看世界，世界也會無限寬大；換一種立場待人事，人事也許會變得不再複雜。

第二章

適時放棄，是人生的大智慧

古人說，失之東隅，收之桑榆。在適當的時機放棄，不一定會失掉幸福，相反會成就完美——經過淘洗的完美。人生不能追求絕對的完美，但我們可以追求經過放棄的完美。希望和美好會在放棄中重生滋長，在我們放棄美麗的時候，或許能重新獲得幸福，因為放棄也是一種美麗。

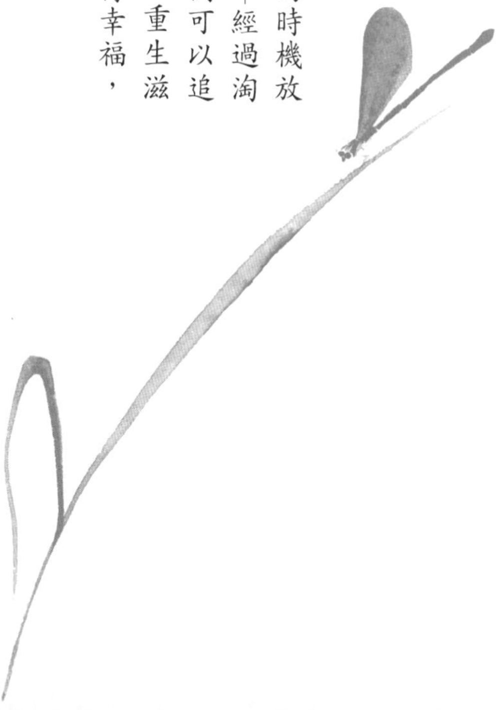

1．將欲取之，必先予之

想不付出任何代價而得到幸福，那是神話。——徐特立

給予和索取，人生不變的經典論證話題，永遠達不到平衡的兩個端點，人是貪婪自私的，註定這個論題永遠沒結果。

對於每個人來說，索取永遠要比給予少得多，每個人都認為自己無辜的給予了太多，索取了太少，心理的天平永遠達不到平衡點，爭吵的根源永遠是這個永恆的話題。也許每個人的索取對於自己來說都是正當的權利，也許對方的給予永遠不及自己給予的多，於是這個話題還在繼續。

人從生下來的那一刻開始，總是在不斷地索取，向自己的父母、向大自然索取。他們已經習慣了索取，他們總希望別人為自己做些什麼，認為別人為自己所做的就是理所當然的，從而造就了自私的本性，總是想讓別人給予，從未想過要付出點什麼，這種索取與給予的不平衡必然會導致自己一無所有。

「只有付出才有回報。」這句話是人人都知道的。有的人會說：「付出也不一定有回報。」但如果不付出，就更不大可能有回報。其實人生就像是一本零存整取的存摺，你投入、給予的越多，索取、擁有的將會更多。

給予是為了更好的得到

富蘭克林有一句話：「如果你想交一個朋友，就請幫他一個忙。」換句話說就是：如果你想得到一樣東西，你就要付出為得到這樣東西的東西。

在春秋時期，晉國當權貴族智伯倚仗權勢向魏桓子強行索要土地。魏桓子的謀士獻計，同意給土地，這樣智伯就會更加貪婪，會再向其他貴族要地，貴族們就會聯合對付他。後來智伯被貴族聯合打敗了，魏桓子也得到了更多的土地。

在這個世界上，有多少人在追求利益時犯了鼠目寸光的錯誤。他們看見的只是金錢，從來沒有看到財富；只看見自己的利益，看不到人與人之間的互惠互利；他們只看見眼前的蠅頭小利，看不見遠方取之不盡的「寶藏」。我們都曾被表面上的利益蒙蔽雙眼，在獲得真正財富的路上迷失方向，驀然回首時才懂得了給予的意義，其實給予是最好的得到的方法。

智慧品人生

西方人信奉「施比受更有福」，而中國自古推崇「只管耕耘不問收穫」的老黃牛精神。《道德經》言：「將欲取之，必先予之。」西方人相信：「凡你所施予別人的，最終都會回到自己身上。」

我們想有所「取」，必先有所「予」，有時給予也會帶來收穫，而一味保留可能會落得一無所有的下場。當我們學著付出所追求的東西時，我們同時也在促成編排一齣優雅生動、活力十足的舞蹈，它構成了永恆的生命的旋律。所以，請別再吝嗇手中的種子，因為你如果能將它們播撒，就能讓世界上每個角落都綻放出幸福的花朵。

2．理想，始於另一種放棄

越早放棄舊的乳酪，你就會越早發現新的乳酪。——斯賓塞．詹森

放棄不是逃避，而是對另一種人生理想的追求；放棄不是退縮，而是一個新的選擇的開始。放棄是一種開始，把自己的生活進行重新定位，就需要放棄曾經擁有的東西。明白的人懂得放棄，真情的人懂得犧牲，幸福的人懂得超脫！

懂得放棄

勇於放棄的人應是有膽識與魄力的。他們能審時度勢，當機立斷。放棄無法實現的空虛的夢幻，以免徒勞無益；放棄那些無法勝任的職位，以免心力交瘁；放棄那些沒有結果的愛情，以免獨自飲泣。

也許有人會說：「放棄了，我便一無所有。」放棄，自然要帶著一些疼痛。刺骨的寒風是樹葉飄落的動力，在完成生命最後的也是最美麗的旅程後，樹葉回

到了大地，當樹葉在冬天不能再對大樹有益時，不如早早離去，「化作春泥更護花」。

在造物主眼裏，一切永遠都在開始。狂風勁吹，一株老樹轟然倒下，我們在歎息老樹生命結束的同時，為什麼不去想：不久，一棵幼苗將會在它倒下的地方重新生根發芽，新生命才剛開始。

「放棄不是一種過錯，放棄了生活的轟轟烈烈，才能享有平平淡淡；放棄了急流險灘，才能擁有溫馨港灣」。今天的放棄是為了明天能夠花紅滿樹，桃李芬芳。哲人早就說過：「魚和熊掌不可兼得。」面對生活的誘惑，我們必然要學會放棄一些東西，才能讓生活更加精彩，才能讓新的理想萌發出來，才會有新的成功。

感情也是一樣的，不要讓那段無謂的情感糾纏住最美好的瞬間，索性就用一張白紙記錄下所有的悲傷、煩悶、急躁與失落的心情，將其揉皺成團，丟進紙簍，然後對自己說：「好吧，重新來過。」只有放棄了他才會遇見比他更完美的人，才會找到真正屬於你的幸福。

保持一顆平常心，營造一種境界，收穫一種性格。人的一生會有許多過客闖進你的生活，只要把握好每一次邂逅，相信每一次都可以創造奇跡！這樣，人生旅途才會走得更穩重、更加順暢。

人來到世界上，本來就是赤條條的，所以我們更不必擔心什麼，放棄是一種你我都有的權利。懂得放棄是人生的大智慧，適時地放棄是自知與明智的美麗結晶。有選擇、有放棄，這才是完美的人生，放棄一個實現不了的理想，才會實現另一個可以實現的理想。

放棄＝開始

生命中有些東西，像是握在手中的細沙，抓得越緊流失得越快。在我們的生活中，自己真正所需要的，往往要在許多年後才會明白，甚至有可能窮盡一生也不會明白！

面對已經擁有的，我們又因為曾經得而復失的經歷，而存在一份忐忑與擔心。因為擁有的時候，我們也正在失去，而放棄的時候，我們也許又在重新獲得。放棄或許是另一種生活、另一種理想的開始！

魯迅在日本留學時學的是醫術。一天，在上課時，教室裏放映的片子裏有一個被說成是俄國偵探的中國人，即將被手持鋼刀的日本士兵砍頭示眾，而許多站在周圍觀看的中國人，雖然和日本人一樣身強體壯，但個個無動於衷，臉上是麻木的神情。

在中國人被砍了頭以後，他們也都鼓掌歡呼起來。而這每一聲歡呼，都深深地刺痛魯迅的心。他身邊一名日本學生說：「看這些中國人麻木的樣子，就知道中國一定會滅亡！」魯迅聽到這話，忽地站起來，向那個日本同學投去了威嚴不屈的目光，昂首挺胸地走出了教室，他的心像大海一樣洶湧澎湃。他清楚地認識到要拯救中國，首先要拯救中國人的靈魂。於是他下定決心，棄醫從文，決定用筆來喚醒中國老百姓。

從此，魯迅把文學作為自己的目標，用手中的筆做武器，寫出了《吶喊》、《狂人日記》等許多作品，向黑暗的舊社會發起了挑戰，喚醒了數以萬計的中華兒女。他夜以繼日地寫作，直到生命的最後一刻。

魯迅放棄了做醫生可能帶給自己的榮耀，放棄了自己最初的理想，他以筆為武器，深深地刺進敵人的胸膛。他不斷地調整自己的方向，每一次放棄的同時都意味著有另一個更明智的選擇。因為懂得適時放棄，他實現了自己的理想！

放棄，既是遍歷歸來的路，又是重登旅程的路；是對過去誘發深思的路，也是對未來滿懷憧憬的路。

智慧品人生

人生會遇到太多的誘惑，不懂放棄就只能在誘惑的漩渦中喪生；人生有太多的欲求，不懂放棄就只能任欲求牽著鼻子走；人生有太多的無奈，不懂放棄就只能與憂愁相伴。

我們應該懂得，錯過花，你將收穫雨。放棄對物欲的追逐，打開自己的心窗，尋一片美麗誘人的沃野，呼吸一下新鮮空氣，沉醉在花香與泥土的氣味中。飄落是葉的必然，所以枝頭上的葉伸展著軀體，在為樹收集了陽光和雨露後，便悄然離開，去享受屬於自己的安逸。放棄就是為一條已經走到盡頭的路，尋求另外的出口，這個選擇無論怎樣艱難與迷惘，都會收穫意外的絢爛。

3．丟掉該放棄的

當鳥翼繫上了黃金時，鳥就飛不遠了。——泰戈爾

有人說：放棄不該放棄的是無能，不放棄該放棄的是無知。我們每一個人都是凡夫俗子，都沒有能力和精力去擁有太多，也沒有權力要求那麼多。

堅持並非是最好的結果

人總是喜歡爭取一切自己看上的東西，總是下意識地認為只要自己爭取了，就一定能得到，但卻忘記了看看那個東西適不適合自己。美麗別致的鞋子有時是不合腳的，當你撐足了面子，腳卻疼痛難忍。

生活在人世間，每個人的一生或多或少都有些無奈，如果我們有太多的放不下，就會有更多的無奈。放下就意味著釋懷，釋懷就意味著無憂無慮，這是人們追求的一種理想境界。

人生會面臨太多的誘惑，不願意丟掉這些本該放棄的東西，就會在誘惑的漩渦中受傷；人生有太多的欲望，在這些欲望的驅使下，有的人會拿起不該拿起的東西，捨不得放下，最終也就會在人生的道路上迷失方向。

在日常生活中，總會有些事，我們經過百般努力，成功仍遙遙無期，這時我們就要學會放棄，繼續做下去只會給我們帶來慘痛的失敗，不妨換一個活法，換一種方式，或許這樣我們才會愜意無比。

如果我們在一次不經意中得到一個意外的便宜，在我們沾沾自喜之時，一定要提醒自己：便宜的背後，往往潛藏著陰毒的殺氣，會使我們跌進低谷，以至於遍體鱗傷。

如果你走進一條死巷，應該趕快放棄，及時回頭，這樣才會有新的契機。如果你的成功已達頂峰，更要學會放棄，急流勇退，才能給世人留下輝煌的記憶。

如果費盡心思自己卻不能開心，那又何必再堅持，放棄未必不是更好的結果！

丟掉該放棄的，人生之大感悟

每個人總是希望有所得，以為擁有的東西越多，自己就會越快樂、越幸福。可有一天，我們忽然驚覺：我們的憂鬱、無聊、困惑，一切不快樂、不幸福，都和我們的欲望有關，我們之所以不快樂，是我們渴望擁有的東西太多了，為物所累。

從前，有一個自認為很聰明的小夥子，他很好強，總是想在一切方面比別人強些，他最大的願望就是成為大學問家。可是，一年一年過去了，他各方面都有長進，只除了學業。他很苦惱，就去向一個禪師求教。

禪師說：「我帶你上山吧，到了山頂你就能明白為什麼，也會知道該如何做了。」

那山上有許多晶瑩的小石頭，非常好看，小夥子也很喜愛這些小石頭。每見到他喜歡的石頭，大師就讓他把它裝進袋子裏背著，很快，他就走不動了。

「大師，再背，別說到山頂了，恐怕連動也不能動了。」他疑惑地望著禪師。

「是呀，那該怎麼辦呢？」禪師微微一笑，「不放下背著的石頭怎能登山呢？」年輕人一愣，忽覺心中一亮，向大師道了謝便走了。之後，他一心做學問，進步飛快……

在我們的生活中，時刻都在取捨中選擇，背著包袱走路總是很辛苦，只有懂得放棄該放棄的，才能有更多精力去獲得自己該得到的。在仕途中，放棄對權力的追逐，隨遇而安，得到的是寧靜與淡泊；在淘金時，放棄對金錢無止境的掠奪，得到的是安心和快樂；在走桃花運時，放棄對美色的占有，得到的是家庭的溫馨和美滿。懂得了放棄的真意，也就理解了「失之東隅，收之桑榆」的真諦。

智慧品人生

人們往往會在各種誘惑中迷失自己，從而跌入欲望的深淵，或者把自己裝入一個打造精緻的所謂「功名利祿」的金絲籠裏。

吝嗇鬼葛朗台一生為金錢所累，不但自己沒有得到期望的幸福，還斷送了妻子和女兒的幸福。相反，很多有志之士，視金錢如糞土，擁有「安能摧眉折腰事權貴，使我不得開心顏」的英雄豪氣，一生快樂無憂。

人生在世，需要放棄的東西，豈止只有金錢，其實還有很多，比如名利、地位、職權。所謂：「海納百川，有容乃大；壁立千仞，無欲則剛。」如果我們真能做到「無欲無求」、「淡泊名利」，那麼我們的人生就可以因輕鬆坦蕩而快樂起來。

4．放棄，傷感但美麗

一切都是暫時的，一切都會消逝，讓失去的變為可愛。——普希金

放棄是一種美麗，雖然放棄是傷感的、痛苦的，但放棄，是讓你告別「心

苦」的處方。

放棄也是一種快樂

在我們的生活中，有時候我們要放棄自己不捨得放棄的感情，有時候我們要放棄一些我們不想放棄的事情和不想放棄的東西。如果不放棄，就可能什麼都得不到，所以為了得到更多，就要學會理智地放棄。

世間有太多美好的事物，對沒有擁有的美好，我們一直在苦苦地嚮往與追求。為此我們每天忙忙碌碌，對身邊的美景視而不見，對可貴的親情無暇顧及，甚至一個完全放鬆的心情，一段無夢的香甜睡眠，可能對許多人來說都成了一種奢望。

我們對生活的要求太多，食衣住行育樂，樣樣都不甘落後，一件一件地負在肩上，墜在心頭，最後反倒體味不到生活的原味了。我們總以為自己是在急匆匆地奔向令人快樂的人生目標，卻因此而疲憊不堪，身心憔悴。其實，我們只要放棄一些東西，放慢一下腳步，就能感受到自然的美好與生活的香甜。

放棄是美麗的

放棄，並不意味著失去，因為只有放棄才會有另一種獲得。要想採一束清新的山花，就得放棄城市的舒適；要想有永遠的掌聲，就得放棄眼前的虛榮。

放棄是美麗的，對於一般人而言，達到這種境界似乎很難，現實中要放棄你的至愛的確很難，難到會心痛，難到會滴血……但背著包袱走路更辛苦！選擇適合的時機有所放棄，是獲得快樂的最好方法。失去不一定要憂傷，反而會成為一種美麗；失去不一定是損失，反倒是一種奉獻。只要我們抱著積極樂觀的心態，失去也會變得可愛。

一個老人在上火車的時候，不小心把剛買的新鞋弄丟了一隻，周圍的人都為他惋惜。但是，讓很多人意料不到的是，那老人立即把第二隻鞋從窗口扔了出去，沒有人可以理解他這種行為。只見老人微笑著解釋道：「這一隻鞋無論多麼昂貴，對我來說也沒有用了，如果有誰揀到一雙鞋，說不定還能穿呢！」

有時我們在面對一些事、一些東西的時候，與其抱殘守缺不如斷然放棄，成就別樣的美好。與其為失去的懊惱，不如正視現實，換一個角度想問題：也許你失去的，正是他人應該得到的。這樣我們就會在為失去的東西感到傷心難過的同時，也得到一種解脫，得到一種快樂。

真正的快樂，是一種精神上的愉悅感受，如同幸福，它不是靠金錢和擁有多少東西來衡量的。當今社會上有些富商、老闆，終日紙醉金迷、揮金如土、渾渾噩噩，他們開著名車、住著豪宅，但是他們並不快樂。而有些名人，甚至是普通上班族，自己省吃儉用，樸素無華，卻用心致力於慈善事業，資助那些極需要幫助的人，他們雖然自己享受不多，內心卻非常充實、快樂。

智慧品人生

放棄，能讓我們正確地審視自己。放棄，是我們人生旅程的一種超越。放棄，是一種胸懷，更是一種昇華；放棄是一種睿智，它可以放飛心靈，可以還原本性，使你真實地享受人生；放棄是一種選擇，沒有明智的放棄就沒選擇的餘地。

為了獲得，我們忙忙碌碌。捨不得放棄的心緒，像一株寂寞的蘆葦，獨立在夜風中守望，把自己幻成一季秋色，但仍不免遭受蒼涼……但是，並不是所有的探索都能發現鮮為人知的奧秘，並不是所有的跋涉都能抵達勝利的彼岸，並不是每一滴汗水都會有收穫，並不是每一個故事都會有美麗的結局。因此，我們應該學會放棄，明白這點，也許你就會在失敗、迷茫、愁悶、面臨「心苦」時，找回自己的人生座標，雖然很傷感，但是很美麗。

5・遠離欲望之火

故常無欲，以觀其妙；常有欲，以觀其徼。——老子

「生死根本，欲為第一」。欲望是人性的組成部分，是人類與生俱來的。人一出生，從喝第一口奶開始，就離不開欲望，想呼吸、想進食、想睡覺、想成功。

人的無限欲望，使生命遠離了幸福

佛洛伊德指出：「本能是歷史地被決定的。」作為一種本能結構的欲望，無論是生理性或心理性的，都不可能超出歷史的結構，它的功能作用是隨著歷史條件的變化而變化的。

世間萬事萬物都有其自身的發展規律和內在本質，因此，欲望的有效性與必要性是有限度的，而人的欲望是無限的，總有新的欲望會無休止地產生出來。在欲望的推動下，人不斷占有客觀的物件，欲望的過度釋放會造成破壞的力量。所以，過度推崇與放縱欲望也是愚蠢的。要節制自己的欲望，不要讓欲望在內心滋生，不要讓自己成為欲望的奴隸，做到「弱水三千，只取一瓢飲」。

曾經看過這樣一個故事：在大森林的邊緣住著一個小男孩，有一年的冬天，積雪覆蓋大地，小男孩家裏的柴和米都沒有了，他不得不出門滑著雪橇去拾柴。揀到了柴，小男孩把它們捆起來時，身體已快要被凍僵了，於是他想先就地升上一堆火暖暖身子。

於是他扒出了一塊空地，這時他發現了一把小小的金鑰匙。他想，既然連鑰匙都是金的，那麼被鎖住的東西肯定更值錢了，便往更深處挖，不一會兒他挖出了個鐵盒子。

「要是這鑰匙能打開這鎖就好了！」他想，「那小盒子裏一定有許多珍寶。」他找了找，卻找不到鎖眼。最後他發現了一個小孔，小得幾乎看不見。他試了試，鑰匙正好能插進。他想轉動鑰匙，可是他發現鑰匙不但轉不動，而且還拔不出來，最終他一無所獲。

這就是欲望，假如把揀到的鑰匙拿去換錢，那麼他也會有些收穫，為什麼非得去找盒子呢？人生的許多不幸，大多不是來自自身的貧窮，而是來自自身的欲望。人們總是在得到一點小利以後就嚮往著更大的財富，並總是想在大量的物質財富裏獲得幸福，其實這想法是不正確的。

不記得是誰說的，我們的痛苦、我們的不幸，不是因為我們擁有的不夠多，而是源於我們對這個世界知曉的太多。如果不知道冰淇淋，夏天有白開水喝一樣過得很快樂。

其實一切與物品本身無關，而是與人的心境、心態有關。健全的心態，有助於我們不至於在物欲橫流中，讓幸福遞減下去。少一點欲望，幸福感才能長久地保存和延續。

割斷欲望之繩

人最大的弱點，就是隨著社會的發展，不由自主地從需求走向了欲望。「飽暖思淫慾」說的就是這個意思。吃飽了，還想吃得更好，還想吃出更多的花樣來；穿暖了，還想穿高級的、名牌的衣服；當我們從茅草棚裏搬進新瓦房又搬進樓房的時候，總覺得我這房子沒有別人的寬敞和豪華；當我們從步行到以車代步，坐過「本田」又換「賓士」的時候，還想到什麼時候能坐上「勞斯萊斯」。

從需求走向欲望，這個過程也許很短暫，但很危險，是要付出代價的。欲望像一頭獅子，會衝破道德的約束，無所顧忌地橫衝直撞，最終也只能是頭破血流、身敗名裂。就如在花天酒地中，一時很愜意，很瀟灑，很風流，但付出的代價是道德淪喪，人性泯滅，甚至觸犯法律。

有了欲望或者欲望太多，人活得就累，時時處處追名逐利，忙於應付，疲於奔波，為了填補欲壑，忘記良知、忘記親情、忘記道德法律，被無窮盡的欲望之繩牽著走，根本無暇顧及身邊的美好，任其白駒過隙。

所以，我們要遠離欲望，不要讓自己的人生被欲望所折服，不要到最後才對自己感嘆：「心魔讓人起了貪念，差點鑄成大錯。」

從前有一個年輕人上山砍柴，他看到一件很奇怪的事，一頭牛圍著一棵樹團團轉。他怎麼也想不通。於是在經過一座寺院的時候，進去與一位老禪師一邊品茗，一邊閒談。

他問老禪師：「什麼是團團轉？」

「皆因繩未斷。」老禪師隨口答道。

「師父，你怎麼知道的呢？」年輕人說，「我以為師父既然沒看見，肯定答不出來，哪知道師父出口就答對了。」

老禪師微笑著說：「你問的是事，我答的是理，你問的是牛被繩縛而不得解脫，我答的是心被俗務糾纏而不得超脫，一理通百事啊！」

老禪師又說：「眾生就像那頭牛一樣，被許多煩惱痛苦的繩子束縛著，生生死死不得解脫。」

是的，人的一生總是在名、利、權之間徘徊，殊不知，它們就是束縛我們的那根繩子，就像是一只風箏，因為被繩牽住，再怎麼飛，也飛不上萬里高空；一匹壯碩的馬，因為被繩牽住，再怎麼暴烈，也會被馬鞍套上任由鞭抽。為了錢，我們東西南北團團轉；為了權，我們上下左右團團轉；為了欲，我們上上下下奔竄；為了名，我們日日夜夜竄奔。是欲望之繩，讓我們為它團團轉，因而也錯過了人生中很多我們本該擁有的東西。

如果在我們的一生中沒有欲望或者欲望少些，我們會活得很輕鬆很灑脫，時時處處都能擁有體會生活之妙的心境，一根草，一朵花，一棵樹，一滴水，一隻飛鳥，都能讓我們停住腳步，毫無牽掛、毫無羈絆地去感受生活的美好。

智慧品人生

一個人一出生就擁有了七情六欲，即使想「無欲」的人本身就懷著一種強烈的欲望。所謂「存天理，滅人欲」，做得到嗎？欲望和欲望物件之間，有一種互相強化的關係，尤其是在欲望沒有得到滿足前更是如此。

所以，隔絕欲望和欲望物件，便有助於將欲望維持在一定的「度」中。如果你不能主宰自己的欲望，那麼，你最好遠離那些令你迷惑的東西。有時候我們要停下匆忙的腳步，讓心靈回歸真樸，生活原來很美好。這樣的美好，無法用金錢買來。

克制欲望，唯有讓自己保持一個良好的心態。外部世界紛繁繚亂，眼可以花，但心不可以亂，要有非常的定力。內心時時保持平衡，不羨慕別人的好，更不嫉妒別人的好。

6．錯誤屬於以前，人生始於現在

假如你還在為錯過太陽而後悔，那麼你還將錯過月亮和星星。——泰戈爾

每個人都有過去，有的人也許已經漸漸忘記，有的人也許正在努力忘記，有的人卻選擇不去忘記，因為有的人擁有美好的過去，有的人擁有慘痛的回憶，有的人曾被人傷害得很深……

不要把自己留在昨天

一位武術大師曾經以一雙迅猛無敵快腿，令前來與之切磋武藝的人佩服得五體投地，用「威震武林」四個字來形容這位大師的腿腳功夫，實在是恰當至極。可是，好景不長，世事弄人，命運並沒有因他的快腿而照顧他，在一次上山採藥的時候，這位大師不小心掉下懸崖，雖然保住了生命，但是一雙腿卻摔斷了！過去迅猛無敵的快腿再也不存在了。

等到武術大師從昏迷中徹底清醒過來時，他沒有像弟子們想像的那樣慌亂，更沒有捶胸頓足地表達自己的痛苦和抱怨命運的不公，他還是和往常一樣，吃下一些飯菜，然後就像過去一樣坐在那裏練習內功，練習完內功，看著一臉疑惑的弟子們，武術大師說道：「我想說兩件事：第一，以後誰還想練腿腳功夫我還會像以前一樣認真教導，只不過很難再親自示範了；第二，從今天起我要練習臂掌部的功夫，我相信自己不會因為失去雙腿而變成廢人，你們也不必因為師父失去雙腿而放棄在武學上的修練。」幾年以後，這位武學大師以其出色的掌上功夫贏得了更多人的敬仰。

當一位多年不見的老友看到他失去雙腿而流淚歎息時，這位武學大師微笑著對老友說：「我把過去的一切都扔掉了，所以能輕輕鬆鬆地生活、練武，可是你怎麼還讓幾年前的痛苦擾亂久別重逢的興致呢？」

面對明天，我們不應該有所畏懼，也不應該再鬱悶彷徨，更不應該再膽怯。即使昨天我們有很多的失誤甚至錯誤，但那畢竟是昨天，你永遠也不可能回到昨天，我們能做的也只是從昨天裏走出來，去仰望明天，不要把自己留在昨天。明天總會毫不猶豫地到來，即使明天有預料中的狂風暴雨，誰又能保證這暴風雨只會給人帶來災難呢？或許它也會給人帶來意料不到的收穫呢？

智慧品人生

牛奶被打翻，不可能重新裝回杯中。任你後悔，任你哀歎，任你捶胸頓足呼天喊地，任你三天不吃飯五天不睡覺，也不會改變這個事實。過去的已經過去，歷史就如「黃河之水天上來，奔流到海不復回」，不能重新開始，不能從頭改寫。

為過去哀傷，為過去遺憾，除了勞心費神，分散精力，沒有一點益處。不要浪費時間去為已經無法改變的事情煩惱，因為煩惱對事情毫無益處。分析眼前的情況並尋求解決的辦法才是最重要的。

莎士比亞說：「聰明人永遠不會坐在那裏為他們的損失而哀歎，他們能盡力尋找辦法來彌補損失。」不為無法改變的事痛惜和後悔，更不去哀歎和憂傷，是古今中外聰明人共有的生存智慧。

7・永遠不要放棄自己

別人放棄，自己還是堅持；他人後退，自己還是向前；眼前沒光明、希望，自己還是努力奮鬥。這種精神，是一切科學家、發明家及其他有大成就的人物成功之原因。——馬爾騰

每個人都有可能走到生命的谷底，那種被貧窮、被自卑、被無望折磨的、黑暗的、見不到光明的日子，像蟲子一樣啃咬著我們的心。人無論處於多麼痛苦不堪的境地，靈魂都要保持著清醒。有人說：「人往往不是被打敗的，而是自己放棄了自己。」

沒有人願意過那些低賤、卑微的生活，關鍵是面對逆境如何成功地扭轉自己的人生。除了勇氣、智慧和信心外，持之以恆的努力才是接近目標的動力。不管做什麼，只要放棄了，就再沒有成功的機會。不放棄就會一直擁有成功的希望。

在我們的一生中總有很多東西需要我們去珍惜，也有太多的人需要我們去感激，更有許多的不幸與苦難要讓我們去經歷和體驗，同樣也有很多東西要我們放棄，有時是放棄了選擇，有時是放棄了昨天，有時是放棄了追求，有時是放棄了……放棄，也許是一種解脫，也許意味著失去，或許意味著無奈，或許……其實無論怎樣，在面對困難時，千萬不要放棄自己，也許再堅持一秒鐘就是勝利了。

放棄了自己就等於放棄了一切

有人說：請不要輕言放棄，放棄追求時也就放棄了希望；放棄痛苦時也就放棄了美好；放棄自己時也就放棄了所有；放棄可以展翅高飛的天空也就放棄了自由。

人生有高有低，最低的時候不要害怕，因為不可能再低下去，總有一天可以去更高的地方。邱吉爾在劍橋大學演講時說得很好：「我的成功秘訣有三個：第一是，絕不放棄；第二是，絕不，絕不放棄；第三是，絕不，絕不，絕不放棄。」

是的，人無論在什麼時候都不要放棄自己，全世界都可以放棄你，但是你不可以放棄你自己！因為在你放棄自己的同時，也就放棄了一切。

在失敗時，在人生的低谷處，動輒拿出「死豬不怕開水燙」的無賴嘴臉出來，肆無忌憚、我行我素，最終的結果只能是在失去所有朋友後，連自己也失去，這種失去是不可挽回的。

在人前失去尊嚴，失去在別人心目中的美好印象，都可以後來彌補，但從心裏失去對自己的信心，把自己的人性忽略掉，那麼這個人已是名存實亡了——好比一座房子，頂梁柱倒了，房子也必然轟然倒塌。

有些人可能走到了人生的低谷，但是不能自甘墮落。即使是整個世界都把你看死了，你也要用實際行動證明自己生而為人的尊貴。

曾經有這樣一個故事，說的是一個職業摔角高手，從輝煌走向困境，又從失敗走向成功的故事。

這個摔角高手在一次比賽中失敗了，而在接下來的幾年裏他再沒成功過，他的生活也陷入了困境。在這幾年當中，他的生活發生了翻天覆地的變化，家人、朋友遠離了他，身邊的人也對他諷刺和嘲笑，這給了他很大的打擊，他的心情糟糕透了。

在一次大型的比賽中，他的對手是一個當前很出名的選手，而這名選手也正是在他人生走到低谷時，把他的妻子帶走的人，而此時在賽場周邊坐著的自己的前妻，卻大喊著要那名選手打敗自己，看到前妻這樣的舉動，他的心被刺痛了。

比賽開始了，他看到了裁判對對方的袒護，也聽到觀眾的嘲罵。他暗中對自己說：「我不能倒下，我要堅持！」……比賽結束了，他成功了，這結果令觀眾和他的前妻和敵人都感到震驚。

他的勝利沒有掌聲，沒有鮮花，因為不在人們的預料之中。然而，還是有一個記者來到了他的身旁，讓他面對觀眾講幾句話。他說：「是你們蔑視我的態度，使我變得堅毅。我告誡自己：『不要輸，只許贏！我要堅持，不要倒下，你們放棄了我，但是我不能放棄我自己。』」是的，如果自己不給自己加油，那你就不會再有勇氣走以後的路，也就意味著徹底失敗。

不要放棄自己。這個世界上，有很多門，沒有哪一扇是無法開啟的，只看你有心無心。沒有誰能封殺你，把路走死的，是自己。靈魂或肉體，都不能輕言放棄。自己對自己的鼓勵是重要的，鼓勵自己會讓你變得更有力量。

智慧品人生

一個健康的人可以幸福地說：「我擁有健康和快樂。」一個身障人士可以自豪地說：「我的心臟沒有停止跳動，我沒有放棄生活。」閃閃的群星不會因為自己的渺小而放棄在漆黑的夜晚發亮；細小的水滴不會因為自己的柔弱而放棄滴向堅硬的石頭；稚嫩的小樹不會因為狂風的肆虐而放棄自己的生長。所以，我們怎麼可以因為塵世的繁雜而放棄自己？當你想要放棄時，不妨想想，也許陽光就在轉彎的不遠處，如果此刻放棄就永遠觸不到成功，那就對自己說：挺住，成功源於堅持。

一個人最大的放棄是放棄自己，天生我材必有用，每個人都可以把自己發揮得淋漓盡致，都可以鑄就自己生命的輝煌，但前提是：絕對不能放棄自己！連自己也放棄的人，是永遠得不到世界一切美好事物的。

8・好漢要吃眼前虧

與人共事，要學吃虧。俗云：終身讓畔，不失一段。——左宗棠

吃眼前虧，賺長遠利

「好漢要吃眼前虧」的目的，是以吃「眼前虧」來換取其他的利益，是為了生存和實現更遠的目標。如果因為不吃眼前虧而蒙受巨大的損失，甚至把命都丟了，哪還談得上未來和理想？

在人們的心目中，好漢的標準是要光明磊落、果斷勇敢、敢作敢為，但在任

何時候都會保護好自己的利益不受他人損害卻有個度來衡量。如果因一時莽撞，逞血氣之勇，認為「士可殺不可辱」，「忍不得一時之氣」的話，結果會為一件微不足道的小事，惹出意想不到的大事，吃了大虧，後悔都來不及。真正的好漢是不會那樣做的。

有時，吃點「眼前虧」，正是為了換取以後的「長遠利益」，敢於吃眼前虧的好漢，並不是面對危害自己的一點利益就不顧性命的一介莽夫，他們是在以眼前小虧換取日後大益。

古人說：「小不忍則亂大謀。」忍耐精神是一個人個性意志的表現，更是一個人處世的方法，學會忍耐，婉轉退卻，可以獲得無窮的益處。有不少人一碰到「眼前虧」，就會為了所謂的「面子」和「尊嚴」，甚至為了所謂的「公理」和「正義」而與對方搏鬥，有些人因此而一敗塗地，命喪他鄉！有些則獲「慘勝」但是元氣大傷！那時候你是否想過你到底是輸還是贏？

漢朝開國名將韓信是「好漢要吃眼前虧」的最佳典型，胯下之辱的典故世人皆知，如果他當時不受胯下之辱的話，恐怕要挨頓打，面對那些惡少們的有意刁難，即使不死也會丟掉半條命，如此，哪還有日後的統帥全軍，叱吒風雲！

他吃眼前虧為的就是保住有用之軀，留得青山在，不怕沒柴燒！這是一種聰明之舉，古語說得好：「吃虧人常在世，貪小便宜壽命短。」所以，當你碰到對自己不利的環境時，千萬別逞血氣之勇，寧可吃吃眼前虧，對你也許有好處。

有一個裝修器材的老闆，他沒有念多少書，也沒有任何背景，但生意卻是出奇的好，而且歷經多年，長盛不衰。說起他的經營之道其實相當簡單，就是他與每個合作者分利的時候，他都只拿小利，把大利讓給對方。這樣一來，凡是與他合作過一次的人，都願意與他繼續合作，而且還會介紹一些朋友，再擴大到朋友的朋友，結果許多人也都成了他的客戶。人人都說他好，因為他只拿小利，但所有人的小利集中起來，就成了最大的大利，所以他才是真正的贏家。

在人際交往中，如果人們能捨棄某些蠅頭微利，也將有助於塑造良好的自我形象，獲得他人的好感，為自己贏得友誼和影響力。有句口頭禪說得好：「大人不計小人過。」即遇事不要與人斤斤計較，應該把便宜、方便讓給他人，這樣你與他人之間的矛盾就會減少，人際關係也隨之融洽，這才是君子風範，大人的處世之道。

吃虧是福，吃小虧占大便宜。但吃虧也是有技巧的，會吃虧的人，虧吃在明處，便宜占在暗處，讓人被占了便宜還感激不盡，這也是經商的智慧。

吃虧是修為，是韜光養晦

吃虧並不是個褒義詞，為什麼還說要學會吃虧呢？做人要學會吃虧、甘於吃虧、善於吃虧，這並非是懦弱的表現，這在很大程度上是一個人品性、思想、行為的反映。

一般人不肯吃虧，聰明人甘於吃虧，而只有比聰明人更聰明的人才樂於吃虧。讓利於人、寵辱不驚、得失無悔、放平心態，人生就會擁有無盡的美好，這應該是一個人在社會上立足和處世的基本準則。

有人說，世界上什麼學問都好學，最難學的是吃虧，吃虧是一種本事，是一種素質，是一種美德，是一種修練，是一種涵養，更是一門學問。願意吃虧才會有權威，才會有號召力，多吃虧自然少是非，只要肯吃虧就能有作為。

但現實生活中，能夠主動吃虧的人實在太少，這並不僅僅是因為人性的弱點，很難拒絕擺在面前本來就該你拿的那一份，也不僅僅因為大多數人缺乏高瞻遠矚的戰略眼光，不能捨眼前小利而爭取長遠大利。要學會吃虧，最重要的一點就是要用堅定的人生信仰和執著的人生追求，去克服自身固有的狹隘心理，時時刻刻將心中的「私」壓抑到最低限度。特別是對待時下社會上無處不在、無處不有的橫流物欲和誘惑。

在大森林裏，一天，一頭兇猛的獅子建議九隻野狗同牠合作獵食。牠們打了一整天的獵，一共逮了十隻羚羊。

獅子說：「我們得分配一下這頓美餐。」

這時一隻野狗說：「一對一就很公平。」

獅子聽後很生氣，立即把牠打昏在地。其他野狗都嚇壞了，其中一隻野狗鼓足勇氣對獅子說：「不！不！老大，剛才我的兄弟說錯了，如果我們給您九隻羚羊，那您和羚羊加起來就是十隻，而我們加上一隻羚羊也是十隻，這樣我們就都是十隻了。」

獅子滿意了，說道：「你是怎麼想出這個分配妙法的？」

野狗答道：「當您衝向我的兄弟，把牠打昏時，我就立刻增長了這點兒智慧。」

這個故事告訴我們，「好漢要吃眼前虧」，「吃得眼前虧，可保百年身」。古語說：「吃虧是福。」這是對吃虧或忍讓的最好評價。因此，我們不要害怕吃虧，吃虧不但不是壞事，而且會是好事，是在為我們自己培植福德。

智慧品人生

現實生活是殘酷的，很多人都會碰到不盡如人意的事情，殘酷的現實需要我們對人俯首聽命，這時，我們必須面對現實，要知道，敢於碰硬不失為一種「壯舉」，可是「胳膊擰不過大腿」這句話說得也很有道理，硬要拿著雞蛋去與石頭鬥狠，只能是無謂的犧牲。這時，就需要用另一種方法來迎接生活，要學會吃虧。吃虧不一定是一件壞事，我們總是在吃虧的過程中不斷地成長。

「君子坦蕩蕩，小人常戚戚」，面對功利，讓與他人，當時看你是吃虧了，但你卻給人留下了永不磨滅的印象。把吃虧當做一種福氣，是一個人思想的最高境界。能夠修練到這樣一種境界，正是人生的追求，也是人生趨向完美之時。

第三章

進退有數，把握取捨的藝術

人生也罷，功業也罷，進退之道全在捨得之間。

人生智慧的藝術在於捨與得。人生在世，功敗垂成，皆在取捨之間，喜怒哀樂，煩惱困擾，多由「捨」與「得」之間的艱難抉擇而生。在「捨」與「得」之間，自古就滲透著人世間古老智慧：當你緊握雙手，裏面什麼也沒有；當你打開雙手，世界就在你手中。

很多時候我們都應該懂得捨棄，生活中魚和熊掌能兼得的時候很少，所以真正的智慧在於捨得。聰明的人明白有捨必有得，不會強調得到全部，而是在經過認真考慮之後，捨棄不適合的，獲取適合的。

1．有德才有得

小德小得，大德大得。有大德的人，才能大得；大得的人，必有大德。——老子

據有關專家研究，在很早以前，人們就非常重視「德」與「得」。「德」是以「得」的面目體現出來的，「德」與「得」是相輔相成、息息相關的。在人的一生中，「德」的修練，就是「得」的修練。在生活中，有「大德」的人，才能「大得」；「大得」的人，必有「大德」。

正如著名的「思想之王」伏爾泰所說的：「造就政治家的，絕不是超凡出眾的洞察力，而是他們的品格。」人格德性是最重要的，能力是相對而言的，好的品德是最可靠的事業資本。因此，良好的德性，不僅能使事業有所得，而且，還能得到有意義、有價值的人生和完美的未來。

德得相依

「德」作為一種精神境界，理性追求，作為參與者眾，涉及面寬，沒有止期的培修過程，內涵豐富，但並不玄秘，有時還十分簡單明瞭，簡單得像把尺子，明白得像面鏡子，隨時可以用來對照自己，檢測所有人。

而尺子和鏡子就是「得」字。用「得」能測出人品，照透心靈，判明其人「德」與否，鑒定「君子」真與偽。自己得而重德，則名垂青史。「德」予人民越多，「得」對己便越無奢求。所以「得」並非金錢名利，而是人心所向！相反，如果一個人棄德而貪得，那麼，必將墮落為一個失敗的人。

比如樂得其所，非分莫取，為理想為他人，應得既得都能「捨」就是「德」，反之，見利忘義，貪得無厭，得隴望蜀，欲壑難填，不惜以身試法，鋌而走險，卻偏又要裝作謙謙君子，何「德」之有？

古往今來，「德」與「得」都是如影隨形的。在「貪」得之後，緊隨的便是缺「德」。在歷史的長河中，因「德」而名垂青史者不乏其人，因「得」而身敗名裂者同樣是史不絕書。

比如，得到非分的公款吃喝玩樂，便缺少了做公僕的德操；得到他人的賄賂，便缺少了當權者的德政……但是貪圖這樣不義之財的人，最終毀滅的還是自己。此類現象絕不少見。這些人每「得」一次，就向葬送自己的墳墓進一步，輕則吃牢飯，重則丟腦袋，無不是自絕於人民。

有德才有得。做人以德為本，善始善終，總會有善的回報。如果再用這份得去築造德，將暫短的有形之得，融於身內長久之德，德將伴隨著人的本性，隨著時間的發展而產生變化，在人生的各個階段，將展現出不同層次的「得」來，用於家庭生活，用於工作和事業，用於造福人類。這時，一個人既具有為社會和他人做貢獻的優秀品德，又得到了回報，何樂而不為呢？擁有這種德行，不用尋「得」，得自然會來。正如孔子說的：「為政以德，譬如北辰，居其所而眾星拱之。」

古語有云：「得人心者得天下。」何以得人心，恐怕就非「德」莫屬了。在古代，立德就是做聖人，創制垂法，博施濟眾。隨著時代的發展，德就是常懷愛心，積善積德，爭做一個從內在涵養到外在風範兼具的高尚典範。

總之，只有立德於未來，只有善始善終的人，才會得到「善」的獎賞。正如古人所云：「積德之家，必有餘得；如不積德，必有餘殃。」

智慧品人生

德者，得也。古往今來均是如此。

品德決定著一個人能站在多高的頒獎台；決定著一個人的一生有多亮的心靈電流；決定著一個人的人生成敗的心靈力量。良好的品德是我們每個人人生大廈最堅實的基石。作為21世紀的開拓者，必須具有良好的品德，因為，良好的品德是成才立業、奮發有為的前提。

2．與其抱怨，不如努力

臨淵羨魚，不如退而結網。——《漢書．董仲舒傳》

有的人在不如意時只會一味地抱怨，於是他們終日鬱鬱寡歡、牢騷滿腹。而有的人在不如意時不煩躁、不抱怨，平靜對待，努力改變，因為他的心裏時常裝著希望。

一味抱怨的人只會在原地徘徊，自以為是地咒罵眼前的「陰暗」，卻不知道那「陰暗」正是自己的影子。而努力去改變的人，總能用智慧發現機會、把握機會，使原本無奈的人生過得精彩而美好。

曠達也是一種智慧

所有的失敗都是在為成功做準備。抱怨和洩氣，只能阻礙成功向自己走來的步伐。放下抱怨，心平氣和地接受失敗，無疑是智者的姿態。抱怨無法改變現狀，拼搏才能帶來希望。真的金子，只要自己不把自己埋沒，只要一心想著發出閃光，就總有發光的那一天。

羅斯福小的時候，不但外表醜陋，還患有嚴重的氣喘症，說話也含混不清，幾乎沒人聽得懂。但就是這樣的一個男孩，後來竟成為了美國第二十六任總統。

別人問羅斯福成功的秘訣時，他說：「那就是不抱怨，多努力。」天生的缺陷沒有使他自怨自艾，而且，它還造就了羅斯福的奮鬥精神。他經過長期的鍛煉和學習，不僅克服了氣喘的毛病，而且擁有了一副好體魄。

更讓人吃驚的是，以前說話含混不清的他，通過刻苦自勵和積極參加活動，社交能力和口才也得到了大幅度地提高。上大學後，他還常常利用假期，到亞歷山大去追逐牛群，到洛杉磯去捕熊，到非洲去捉獅子。這些，使曾經缺陷明顯的羅斯福獲得了勇敢和強壯，為他以後成功競選總統奠定了堅實的基礎。

不幸的是，中年的羅斯福卻又得了脊髓灰質炎，但坐在輪椅上的他，依然是那麼的堅強和自信。他說：「我就不相信這種娃娃病能夠擊倒一個堂堂男子漢！

我要戰勝它！」後來，在自己的積極努力下，他終於站了起來。幾年後，羅斯福競選紐約州州長成功。

縱觀古今中外，很多人生的奇跡，都是那些最初拿了一手壞牌的人創造的。不要總是埋怨生活，不要總以為生活辜負了你。要知道，一味地抱怨不但於事無補，有時還會使事情變得更糟。所以，不管現實怎樣，我們都不應該抱怨，要靠自己的努力來改變現狀並獲得幸福。

上帝對每一個人都是公平的。給予了你此，便不會給予你彼，給予了你彼，便不會給予你此，總之，十全十美的事情是沒有的。我們所取得的一切，都是我們自己努力的結果。有的人努力多，得到的就多；有的人努力少，得到的就少。所以，生活在這個世界上，我們不需要抱怨什麼。對自己現狀不滿意的時候，與其抱怨，不如仔細檢討自己什麼地方不如別人。

與其詛咒黑暗，不如點亮蠟燭

很多人都曾這樣抱怨：有的人生下來的時候就含著金湯匙，他們是這個世界上的天之驕子。我們窮其一生也達不到的目標，他們卻可以輕鬆地達到。

我們該抱怨生活嗎？我們不應該，因為我們也曾迫不及待地收下它惠賜給我們的一切，卻在它變得不再輕鬆愉快的時候就立刻抱怨它。生活由酸、甜、苦、辣、鹹五味組成，當品嘗過它的甜美後，你就不得不再去品嘗一下它的辛、酸、苦、鹹。甜美的日子固然讓人高興，但如果生活中只有甜，生活便不是完整的。辛酸苦鹹的味道固然不佳，卻能讓你意志更加堅強，思想更加成熟。沒有經歷過辛酸與苦鹹，你就白來這世上走一遭。

有這樣一個故事：在古代有一個小村子，有一年鬧旱災，有一家人，家裏窮得什麼都沒有了，小兒子瘦得皮包骨，爸爸媽媽沒有辦法，只好帶著孩子來到街口乞討。可是一整天過去了卻毫無收穫，小男孩餓得快暈倒了。

爸爸媽媽非常著急，用比祈禱更虔誠的心央求上帝救救他們的兒子。於是，上帝派遣使者來到人間。使者對他們三個人說，我可以幫助你們每人實現一個願望，這一家人聽了將信將疑。

先是孩子的媽媽迫不及待地對使者說：「我要你為我們變出一車麵包，我要讓我的兒子吃得飽飽的。」剛說完，眼前就真的出現了一車麵包。孩子的爸爸先是非常驚奇，轉而又特別生氣，不斷抱怨妻子沒頭腦，浪費這麼好的機會只換來一車廉價的麵包。

當使者問他有什麼願望時，他很憤怒地說：「我不要這些廉價的麵包，請你將這個笨女人變成一頭蠢豬。」剛說完，麵包神奇地消失了，孩子的媽媽也真的變成了一頭豬。

這可把孩子嚇壞了，他邊看著眼前的「豬」傷心哭泣，邊對使者說：「求求您，我不要豬，我要媽媽。」孩子的話音剛落，媽媽就真的變了回來。

使者很無奈地說：「我已經給了你們希望，但就因為抱怨，你們把機會全都浪費了。」說完使者不見了。一家人還是回到了使者出現前的狀態，沒有麵包沒有豬，孩子依然餓得直哭。

是的，因為他們的抱怨，讓他們回到了最初的狀態。這說明，抱怨只是徒勞，世界並不會因為我們的抱怨而改變，甚至有時候，機會也會因為我們的抱怨而悄然溜走。

在這個世界上，沒有一種生活是完美的，也沒有一種生活會讓一個人完全滿意，我們做不到從不抱怨，但我們應該讓自己少一些抱怨，多一些積極的心態去努力爭取。

智慧品人生

總是有人會抱怨自己的工作，認為別人的工作是那麼輕鬆、那麼高薪、那麼體面，而自己的工作，總是那麼辛苦，薪水獎金卻比別人少。工作太累抱怨老闆，家庭不睦抱怨沒有一個好老爸或沒嫁個好老公……

為什麼抱怨的人會說活得這麼累，因為他只看到了自己的所得，沒有看到自己的付出。不要抱怨你的專業不好，不要抱怨你的學校不好，不要抱怨你住在破房裏，不要抱怨妳的男人窮或你的女人醜，不要抱怨你沒有一個好爸爸，不要抱怨你的工作差、薪水低，不要抱怨你空懷一身絕技沒人賞識你，現實有太多的不如意，就算生活給你的全是垃圾，你同樣能把垃圾踩在腳底下，登上世界之巔。

其實，抱怨只是一種情緒的發洩，於事無補。不停地抱怨，只能放大原來的煩惱，如果想抱怨，生活中的一切都可能成為你抱怨的對象，如果不抱怨，換一個角度想問題，你會發現，通過你的努力，你能改變事物，並獲得成功和幸福的體驗，因為事情總包括兩個方面，就看你怎麼看問題了。

這也就是說，與其抱怨，不如努力。做到這些，當你為了一個目標而勇往直前的時候，全世界都會為你讓路！

抱怨並不能改變你的命運，只能使你更加頹廢；抱怨只會繁衍過去的不幸，加重你的負面心情和不滿情緒。抱怨已不只是人性的迷茫，更是人性的潰瘍。不要抱怨太多，不要只會羨慕別人，「與其臨淵羨魚，不如退而結網」，耕耘好自己的一方田地。

3．猶豫，留下永遠的遺憾

當斷不斷，必受其亂。——諸葛亮

人生沒有太多的時間去猶豫徘徊，因為在你猶豫徘徊時，別人已經跑到了你的前面。猶豫是生命中最大的惰性因素，在我們對成功與失敗難以把握時，它往往把失敗的可能都一股腦兒推到我們面前，從而把選擇的砝碼加重到失敗一方，而使我們與成功失之交臂。

安德魯說：「做事應考慮，但時機既至，即須動手，切莫猶豫。」

當斷不斷，反受其亂

第二次世界大戰期間，艾森豪指揮的英美聯軍正準備橫渡英吉利海峽，在法國諾曼地登陸，展開對德戰爭的另一個階段。當時，諾曼地登陸戰的所有準備工作都已就緒，這時候，英吉利海峽卻烏雲密布、巨浪滔天，數千艘船艦只好退回海灣，等待海上風平浪靜。

這麼一等，足足等了四天，天空像是被閃電劈開了一條裂縫，傾盆大雨連綿不絕，數十萬名士兵被困在岸上，進退兩難，每日所消耗的經費、物資，實在不是小數。將士們心急如焚，而且時間拖得久了，德國人也會察覺，從而使盟軍數月的努力付之東流。

6月4日晚上，氣象主任斯泰格上校報告說：「從6月5日夜間開始，天氣可能短暫變好，到6月6日夜間，很快又要變壞。是於6月6日行動，還是繼續延期？」艾森豪一時也難以決定。

參謀長史密斯認為：「這是一場賭博，但這可能是一場最好的賭博。」艾森豪也明白這是千載難逢的好機會，可以攻敵於不備，只是這當中也暗藏危機，萬一氣候不如預期這麼快好轉，很可能就會全軍覆沒。

最後，艾森豪下定決心：「我確信，是到了該下達命令的時候了。」艾森豪經過了慎重的考慮之後，做出了他一生中最重要的一個決定，「霸王」行動將按計劃在6月6日實施。

他在日誌中寫下：「我決定在此時此地發動進攻，是根據所得到最好的情報做出的決定……如果事後有人譴責這次的行動或追究責任，那麼，一切責任應該由我一個人承擔。」

不過，幸運的是，他最終贏得了這場賭博。事實證明艾森豪的決策是對的：僅在第一天，盟軍就有十五萬多人成功登上諾曼第；而十餘天後，英吉利海峽的天氣「是20年來最壞的天氣」，暴風雨甚至毀掉了一座人工港灣。

人生的路上往往會面臨許多選擇。當面對形形色色的抉擇時應該如何取捨？面對抉擇，有些人往往會猶豫，猶豫，再猶豫，三思，三思，再三思。可是，時不待人，我們常常為痛失了機遇而扼腕歎息。

當年項羽和劉邦爭奪天下，只因項羽太多情，太優柔寡斷，使本該屬於自己的天下成了別人的囊中之物，自己也落個夫人不保，拔劍自刎的下場，所以當斷不斷，反受其亂。

人生需要冒險精神

弗雷德里克·蘭布里奇說過：「如果一生只求平穩，從不放開自己去追逐更高的目標，從不展翅高飛，那麼人生便失去了意義。」正如有人所說：「人生最大的價值就在於冒險。」

在人生中，思前想後，猶豫不決固然可以免去一些做錯事的可能，但更大的可能是會失去更多成功的機遇。這種得不償失的結果對我們來說是更大的損失。要想有卓越的成功，就得敢於冒險。整個生命就是一場冒險，走得最遠的人常是願意去冒險的人。只有那些敢想敢做的人最終才能取得成功。

在世界保險業的鉅子克萊門提·史東的事業漸上軌道之時，經濟蕭條的寒流席捲了美國。許多中小企業都倒閉了。面對經濟危機，再也沒有人把錢投入到保險公司了。史東冷靜地面對現實，他認為：「如果你在困難的時期以決心和樂觀來應付，你總會有利益可得。」當時，他的行銷隊伍只剩下兩百人了，但是，他依然沒有放棄，他把自己樂觀的想法灌輸給了部下，並帶領他們繼續奮鬥。

在這次經濟危機中，曾經十分興盛的賓夕尼亞傷亡保險公司受到了很大影響，經營不佳，其公司上層決定以一百六十萬元將公司出售。史東得到這一消息，決心乘此良機將該公司買下來。

但是，他沒有這麼多錢，即使如此，他還是沒有猶豫地走進了巴的摩爾商業信用公司董事長的辦公室。

「我想買你們的保險公司。」

「很好，一百六十萬元。你有這麼多錢嗎？」

「沒有，不過，我可以借。」

「向誰借？」

「向你們借。」

這在別人看來是一樁很荒謬的買賣，但是，最後史東還是把這家公司買了下來。他經過苦心經營，終於將一家微不足道的保險公司，發展成為今日的美國混合保險公司，史東本人也因此躋身於美國富翁之列，其財產至少在5億美元以上。

冒險是表現在人身上的一種勇氣和魅力。經驗告訴我們：冒險與收穫常常是結伴而行的。哥倫布如不航海探險，能登上新大陸嗎？達爾文不親身探險，搜集資料，能完成巨著《進化論》嗎？是的，險中有夷，危中有利，要想有卓越成就，就應當敢冒險！

智慧品人生

機會來去匆匆，瞬間即逝，猶如劃過天際的流星，猶豫只會讓你與機會失之交臂。所以，面對機遇，要做出果斷的取捨。果斷是你人生中的一張關鍵牌，你是否具備果斷的素質，與在你的人生之路上是否可以減少坎坷、獲得成功密切相關。

在面臨相同的境界時，一個人要想成功，最忌諱的就是沒有決斷力。要知道，決斷力能控制行動，只要敢於決斷，我們便可以創造屬於自己的奇跡。

當我們面臨選擇時，猶豫是勇氣的絆腳石，而沒有了勇氣，一切都將稍縱即逝。所以，有優柔寡斷毛病的人，需要常常提醒自己養成做事敏捷、決策果斷的習慣，這樣才可以補救猶豫不決的缺陷。

4・換個角度看得失

如果你因失去太陽而流淚，那你也將失去群星。——泰戈爾

在古希臘有個人問著名的哲人蘇格拉底：「請你告訴我，為什麼我從來沒有見過你蹙額愁眉，你的心情總是那麼好嗎？」蘇格拉底回答說：「因為在生活中，沒有那種失去能讓我感到遺憾的東西。」的確，蘇格拉底的好心情與他的得失觀是密切相連的。

豁達看得失

得是你付出後的驚喜，但你必須要用心去珍惜；失是你疏忽後的驚訝，但你

還必須用情去珍視。得了，請你不要招搖過市、沾沾自喜地飄然起來；失了，也請你不要灰心喪氣、放任自己默默地消沉下去。對待得與失，你要有一種寵辱不驚、從容不迫的態度。

有這樣一則耐人尋味的故事：

有個人向三位修行人請教如何才能得道。第一位修行人說：「在葡萄園裏，我看到枝葉茂盛的葡萄藤上掛著晶瑩剔透的葡萄是那麼的美麗，到了中午人們摘取後，留下的卻是一片破敗狼藉的景象，我因此而得道。」

第二位修行人說：「我坐在池塘邊，看到聖潔的蓮花在清晨時分開得非常美麗，到了中午有一群人跳進蓮池洗澡，一會兒工夫就把蓮花蹂躪殆盡，我因此而得道。」

第三位修行人說：「夏季的清晨，我在水邊靜坐，看到小溪裏的魚兒自由自在地游來游去，然而，到了中午，漁民們拿了網子，用誘餌把這些可愛的魚兒全捕到了網中，我因此而得道。」

這個人在回家的途中仔細品味著這三位修行人的話，當他路過海邊時，發現沙灘上堆了許多沙堡。沒多久，一浪又一浪的潮水湧上岸來，當潮水退走時，先前的那些沙堡，已經消失得無影無蹤。

這時他恍然大悟：「原來世上的許多事物，不論費盡多大的心機，花了多大的力氣，即使能夠擁有，也都是暫時的。」所以，在生活中，得失都是過眼雲煙，根本就不重要。讓我們把握今天，不乞求也不放棄，做任何事情都隨遇而安。

塞翁失馬，焉知非福

人生會在一種得失的選擇和重複中延伸。在我們面前，無時無刻不存在得失權衡，然而，有時得失的轉換可能就在一線之間。厄運之後方可見幸運。《淮南子》中就有這樣一段記載：

從前，有位老漢住在與胡人相鄰的邊塞地區，來來往往的過客都尊稱他為「塞翁」。老翁精通術數，善於給人卜算過去和未來。他生性達觀，為人處世的方法也與眾不同。

有一次，老翁家的一匹馬，無緣無故掙脫繩子，跑入胡人居住的地方去了。鄰居們得知這一消息以後，紛紛表示惋惜。可是塞翁卻不以為然，他反而釋懷地勸慰大夥兒：「丟了馬，當然是件壞事，但誰知道牠會不會帶來好的結果呢？」

幾個月後，那匹丟失的馬突然又跑回家來了，還領著一匹胡人的駿馬一起回來。鄰居們得知，都前來向他表示祝賀，並誇他在丟馬時有遠見。然而，這時的塞翁卻憂心忡忡地說：「唉，誰知道這件事會不會給我帶來災禍呢？」

老翁家畜養了許多良馬，他的兒子生性好武，喜歡騎術。塞翁家平添了一匹胡人騎的駿馬，使他的兒子喜不自禁，於是天天騎馬兜風。有一天，他兒子騎著駿馬到野外練習騎射，駿馬脫韁，把他兒子重重地甩了個仰面朝天，摔斷了大腿，成了終身殘疾。善良的鄰居們聞訊後，趕緊前來慰問，而塞翁卻還是那句老話：「誰知道它會不會帶來好的結果呢？」

又過了一年，胡人侵犯邊境，大舉入塞。四鄉八鄰的精壯男子都被徵召入伍，拿起武器去參戰，結果十有八九都在戰場上送了命。靠近邊塞的居民，十室九空。而塞翁的兒子因為行動不便，免服兵役，所以，他們父子才得以避免了這場生離死別的災難。

這也說明，福可以轉化為禍，禍也可變化成福。這種變化深不可測，誰也難以預料。

後世有許多人對這個故事進行了評價和引用。宋魏泰《東軒筆錄．失馬斷蛇》載：「曾布為三司使，論市易被黜，魯公有柬別之，曰：『塞翁失馬，今未足悲，楚相斷蛇，後必有福。』」陸游《長安道》詩曰：「士師分鹿真是夢，塞翁失馬尤為福。」後來又發展為「塞翁失馬，焉知非福」。這則哲理被世人頻頻應用，用來說明世事無常，或因禍得福。

這也印證了得失轉換的關係，有時覺得就要得到的時候，可能更大的失去正在發生；但在就要失去的時候，可能正在換取更大的獲得，而其轉化就可能在你抉擇的瞬間發生。有時候，得到是福，失去也不一定是禍。所以，換個角度看得失，你就會有意想不到的收穫。

智慧品人生

現實中，大多數人都受制於各種欲望，多數人還是處於患得患失中，既怕得不到或得不夠，又怕得而復失。因此，想不通，放不開，爭不完。此時，如果你換個角度看待得失，倒不失為一種較好的態度，既希望得，又不計較失，積極而不極端，努力而不角力。

5．因小失大，得不償失

千丈之堤，以螻蟻之穴潰；百尺之室，以突隙之煙焚。——韓非子

在我們所熟知的哲理寓言故事中，「揀芝麻丟西瓜」的典故和「猴子掰包穀」的故事，是最為大家津津樂道的。但是，在說完一笑之後，體味出來的哲理是什

麼，又有多少人遵循了其中的規律呢？這些深層次的問題卻是鮮為人思考的。

暫不將這其中的哲理道明，讓我們先看看世人的做法：有的人為了工作而整日忙碌，顧不得家庭，從而失去了家庭之樂；有的人因為忙於賺錢，鬧得夫妻不能常相聚，從而失去了愛情；更有甚者，為了賺錢、再賺錢，顧不得兒女的教育，不但失去天倫之樂，也有愧於為人父母的教養職責……

耶穌說：「人縱然賺得了全世界，如果賠上了自己的靈魂，又有什麼益處？」是的，人生的際遇有輕有重，人們若拿捏不當，就容易因小失大、顧此失彼。

貪小便宜易吃大虧

春秋時期，晉國南面有兩個姬姓小國，一個叫虢，一個叫虞。這兩個小國關係很好，在政治上也是互相支持。但虢國國君常派兵在晉國邊界鬧事，晉獻公一直想討伐虢國，由於虢國國君很警惕，在兩國邊境陳設重兵，晉獻公一時沒有辦法。

一天，晉獻公與大臣談論此事。眾人都說：「虢國軍隊正面難以攻擊，只有從背後偷襲才能奏效。」但是如此非要經過虞國，而虞國與虢國同姓相親，關係很好，如何肯放晉國兵馬過境？

這時一個大臣獻策說：「臣聽說虞國國君貪寶，請大王將國寶、千里馬和玉璧交給臣下，臣下出使虞國，一定能向虞國借道。」晉獻公一聽就急了：「祖宗傳下的國寶，如何能輕易送給他人。」這位大臣就告訴晉獻公：「國寶不過是暫時存放在虞國，滅掉了虢國，虞國還能獨存嗎？到時候，國寶還不是照樣回歸晉國國庫嗎！」

晉獻公聽了大喜過望，立即派遣他出訪虞國。晉獻公贈給虞國國王很多寶物與駿馬，要求虞王讓晉國軍隊通過虞國，順利攻打虢國。虞國有一位大臣極力反對借路給晉國。他說：「我國與虢國關係十分密切，如果借路給晉國，那麼虢國滅亡的同時也將是我國滅亡之日。請陛下絕對不要接受晉國的禮物。」

但是受到耀眼的寶石和美麗的駿馬所蒙蔽的國王卻不聽大臣的忠告，借道給了晉國。結果正如同大臣所猜測的，晉軍在滅了虢之後，回程便攻破虞國，寶物和駿馬當然又物歸原主。

虞國國王受到眼前利益的誘惑而不顧無窮的後患，終致亡國。對於這種「揀芝麻丟西瓜」的舉動，在我們的生活中也是常見的。人是利益動物，在本質上都會趨利避害，這個無可厚非。然而，人如果有時候不顧整體全局利益，目光短淺、自以為聰明，往往會因小失大，得不償失。

有許多人都會因為貪圖近利而得不償失；有的人則是因只顧眼前，思慮不到未來，也會因小失大，得不償失。腐敗分子走上違法犯罪道路，大都是從一開始的吃一點、喝一點、拿一點，到最後腐化墮落、走上嚴重的違紀違法之路。

在生活中，我們常常會發現一些人因貪小便宜，中了壞人設下的「拋磚引玉」等圈套，不僅沒有得到任何便宜，反而損失了自己的錢財。正所謂「揀了芝麻，丟了西瓜」，貪小便宜往往會吃大虧。因一時的小利而斷取捨，必將造成無可挽回的局面。

莫被蠅頭小利誘惑，從大處著眼

有一位記者去採訪一位年輕的鋼琴家，問他如此年輕就獲得這麼大的成就，是不是有什麼成功的秘訣。他回答說：「有意地疏忽。」他的解釋是：「最初，我要浪費很多時間做很多的事，早餐後，回到房間，整理床鋪、打掃房間並做完其他各種事情，然後才去練琴。我發現進步得要比我想像中的慢，於是我決定，在練好琴以前，故意忽略任何其他事情，果然進步的速度得到了提高。」

也許很多人看到這裏，還不明白是什麼意思。其實，道理很簡單，當人們被許多小事困擾的時候，必將會使其遠大的抱負繫上沉重的包袱。

在動物界，我們可以看到這樣一個現象，居於食物鏈頂端的獅子、獵豹等，在捕獵時候，選中一個目標便鍥而不捨地一直追下去，在追捕的途中，即使有其他更近的獵物，牠們仍視而不見、心無旁騖，這是牠們捕獵成功率很高的一個重要原因。

我們不難發現，成功者大多都有優良的品質，其中最顯著的，便是他們任何時候都堅持守信、遵約的美德，堅持寬以待人、與人為善、嚴於律己的操守。之所以如此，是因為他們注重的不是眼前的利益，而是遠大的理想和抱負。他們不會被一些蠅頭小利所誘惑，只是不斷以其熱情激發周圍的人，並朝著已經鎖定的目標去努力。

智慧品人生

人生即是如此：不捨去舊的，就難以獲得新的；不捨去固有的，就難以獲得未有的；不捨小就難以得大；不捨去已然知曉的，就難以獲知未知的。

關鍵就在於：於大處著眼，懂得放棄與妥協，抓住大事不放，不為小事困擾，敢於為大目標捨棄和犧牲小目標，不過於在意「蠅頭小利」。不要因小失大，得不償失！

6·有所為有所不為

人有不為也，而後可以有為。——孟子

「只要有恆心，鐵杵磨成針」、「天下無難事，只怕有心人」這是為世人推崇的成才之道。其實，苦學並不是成長的必然條件，持之以恆只是促使成長的因素之一。至於其他條件，譬如機遇、天賦、愛好、悟性、體質諸項也是缺一不可的。

如果你研究某一學問、學習某一技術或從事某一事業確實條件太差，而經過相當的努力仍不見效，那就不妨學會「放棄」，另闢蹊徑，畢竟人的精力是有限的。這時候的放棄既是一種理性的表現，也不失為一種豁達之舉。有所為就必有所不為，而人與人之間的區別，就在於所為所不為的不同取向。

為與不為，為人處世的準則

古語云：「治國之道，有所為，有所不為。」其實，「有所為，有所不為」何止是治國之道，它也是指導做人和做事的一條重要原則。做到了這一點，你將終身受益無窮。

有一位登山運動員去挑戰珠穆朗瑪峰，但當他登到六千四百公尺這個高度時，開始感到體力不支，於是就停了下來，毅然下山了。

事後很多人都為他感到可惜：「你為什麼不再堅持一下呢，只要再堅持一百公尺，你就可以跨過六千五百公尺的登山死亡線啦。」

他回答得很乾脆：「不，我最清楚，六千四百公尺的海拔，是我登山生涯的最高點，我一點都不感到遺憾。」

能夠正確地分析自己，做出「為與不為」的選擇，是每個成功者必備的素質。「有所為」是主動選擇，「有所不為」是敢於放棄，一個人的生存能力再強，精力再多，也不可能無所不為，什麼都想做只能是什麼也做不好，選擇好自己應該做的才是最關鍵的。

什麼都想得到，只能是生活中的侏儒。要想獲得某種超常的發揮，就必須揚棄許多東西。瞎子的耳朵最靈，因為眼睛看不見，他必須依靠耳朵聽，久而久之，耳朵功能達到了超常的地步。會計的心算能力最差，二加三也要用算盤打一遍，而擺地攤的人則是速算專家。

生活中也一樣，當你的某種功能充分發揮時，其他功能就可能退化。有哲人忠告：人一生只能做好一件事。我們只有一雙手，每隻手只有五個手指頭，一隻手的五個手指頭不能什麼都抓住，所以我們應該去抓該抓的、值得抓的東西。

當然，有所為有所不為並不是要人們簡單地放棄，而是需要智慧的輔助，需要胸有全局，高瞻遠矚。胸有全局就能分清輕重緩急，做出正確取捨。高瞻遠矚是考慮得長遠，並能以高度的責任感和使命感對待自己的選擇。心中無數、虛浮懶散的人是做不好「有所為有所不為」的。

有所不為，才能有所作為

一九五七年，松下毅然放棄研究了長達五年的大型電腦專案。這個消息的傳出令所有人都十分震驚，因為當時松下已經對此投資了約十五億日元，而且他們的兩台樣機也十分先進，很快就能大規模投入生產，推向市場了。那麼，松下為何放棄這樣一個已經接近成功的專案呢？

在松下放棄這項研究前，美國大通銀行的副總裁曾到松下訪問，談話中不覺就把話題轉到電腦上。當副總裁聽到日本目前包括松下在內，共有七家公司生產電腦時，嚇了一跳。

他說：「在我們銀行貸款的客戶當中，大部分電腦部門的經營似乎都不順利，而他們之所以能夠生存下去，完全是依靠其他部門的財力支援，幾乎所有的電腦部門都有赤字。就拿美國的現狀來說，除了IBM公司以外，其他的公司都在慢慢緊縮對電腦的投入。而日本竟然有七家這樣的公司，未免太多了一點。」

副總裁走後，松下對副總裁給的消息仔細的考慮，最後得到的結論是：決心從大型電腦研究上撤出。因為松下的大型電腦專案在接下來的科研、生產以及市場推廣方面，還需要投入近三百億日元，如果現在放棄雖然損失十五億，但是這個決定避免了三百億的損失。這個決定使松下更加專注於對電器和通訊事業的發展，使松下慢慢成為了電器王國的領頭羊。

人生苦短，世事茫茫。能成大事者，貴在目標與行為的選擇。如果事無巨細，事必躬親，必然陷入忙忙碌碌之中，成為碌碌無為的人。

在一定意義上來說，有所不為才能有所為。班超投筆從戎，魯迅棄醫學文，這些人都是「改換門庭」後大放異彩的楷模。子夏說：「雖小道，必有可觀者焉；致遠恐泥，是以君子不為也。」可見，如果能審時度勢、揚長避短、把握時機，放棄，既是一種理性的表現，也不失為一種豁達之舉。

松下就是「有所為有所不為」的典範。「有所不為」可以讓企業輕裝上陣，更加理性地進行營利模式的選擇、專案選擇以及制度選擇，是企業戰略的重要工具。只有「有所不為」，才能更加專注於「可為」之事，才能在無形中達到「有所不為才能有所為」的境界。

無論做什麼事，都不可缺乏在專業上的一技之長，樣樣精通，樣樣稀鬆，反而使自己無所成就。因為這樣的人忘記了「不怕千招會，就怕一招絕」的秘笈。人的精力畢竟有限，往往窮盡全力也難以掘得真金。世界上最大的浪費，就是把寶貴的精力無謂地分散在許多事情上。而「有所不為」就是為了更加專注。

在一個人有限的生命中，能夠專注於一個專業，朝著一個目標做精、做深是最好的選擇。專注者尤其要保持一顆超然之心。既已選擇了專注，就要淡然對待名利，在知道自己擅長什麼、能做什麼、做什麼最好的前提下，一如既往地專注下去。

智慧品人生

「有所為，有所不為」不僅是一種觀點，更是一種能力，一種境界，一種智慧和方略。「有所為，有所不為」與「捨得」有異曲同工之妙。人之一生，需要我們放棄的東西很多。幾十年的人生旅途，會有山山水水，風風雨雨，有所得也必然有所失，只有學會了放棄，我們才能擁有一份安然祥和的心態，才會活得更加充實、坦然和輕鬆。

只有適當地放棄，才更有利於集中力量，把寶貴的有限資源用在最需要的地方，爭取最佳的效益。這也是「有所為，有所不為」的本質和追求。

第四章

捨得之道，為人處世的聖經

捨得，捨得，捨就是得，小捨有小得，大捨則大得，不捨則不得。捨與得，為人處世的大道理。

「捨得之道」是佛教文化與中國傳統哲學一致推舉的為人處世之道。它的智慧就在於辨事知難易，當退則退，不計較得失，在一顆寬厚之心裏夾雜隨機應變的智慧與謀略。在為人處世中要做到捨得並不難，關鍵是如何做到「該捨時捨，不該捨時不捨」，把握好了處世的這個度，你也就學會了為人處世的學問。

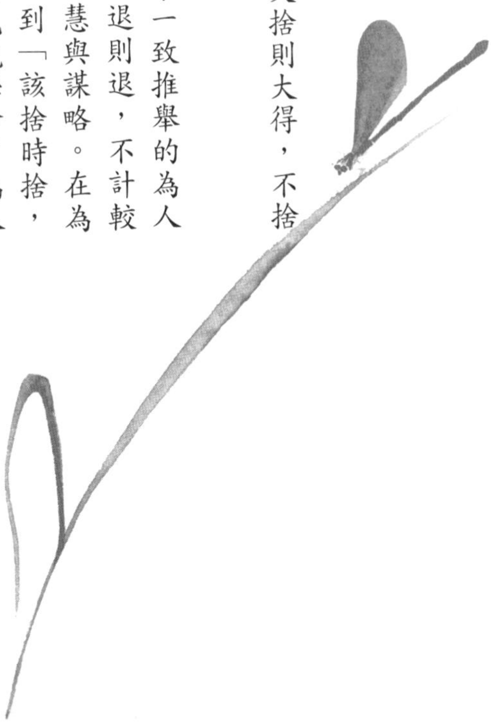

1・好東西要捨得與別人分享

談一個人的價值，應該看他貢獻了什麼，而不應當看他取得了什麼。——愛因斯坦

人生活在這個世界上，無時無刻不在與他人共同分享著。分享太陽溫暖的光芒，分享星星閃爍的光輝，分享鮮花芬芳的味道，分享四季的變化和秋天的果實，分享音樂的悠揚和山河的壯美，分享理想的浪漫和現實的豐富……要分享及能分享的實在是太多太多了。

與人分享，不僅能豐富你的人生，還會讓你向世界打開一道道門、一扇扇窗。當你主動把自己的東西與人分享時，就會讓陽光灑滿每個人的心靈。

獨樂不如眾樂

在一個村莊裏，一個果農經過長時間地研究，培植了一種皮薄、肉厚、汁甜而少蟲害的新果子，為此吸引了不少果販前來購買，這為他增加了不少收入。村

裏的人們看到他的新品種賣得很好，就想借他的種子也來種，可被果農拒絕了。

果農想：所謂物以稀為貴，如果大家都種這種果子，會影響到自己的生意，那肯定不合算。到了第二年，果農發現自己果子的品質大不如往年，很多人都不再買他的果子，果農查找了所有的種植環節，但都找不到原因，只好去諮詢專家。

專家到他的果園調查後對果農說：「你種植的環節都沒有問題，但如果你想讓果子達到原來的品質，就必須在附近地區都種這種產品。」

果農迷惑地看著專家，專家又說：「由於附近種的是果子的舊品種，只有你的是改良品種，在開花授粉時，新品種和舊品種一雜交，你的果子自然就變質了。」

果農聽了恍然大悟，於是把自己的新品種分發給鄉鄰，大家都有了好收成，不僅自己獲得了財富，也幫助別人獲得了財富，個個都喜笑顏開。

人們常說：「予人玫瑰，手留餘香。」早在幾千年前，孟子問梁惠王：「獨樂樂，與人樂樂，孰樂？」梁惠王答：「不若與人。」孟子又問：「與少樂樂，與眾樂樂，孰樂？」梁惠王答：「不若與眾。」

很多人在小時候，如果有好玩的玩具或是有一本好看的漫畫書，都會迫不及待地拿出來，與周圍的小朋友們共同分享，但長大後大家卻忘了「獨樂不如眾樂」的道理。

與人分享快樂，會讓更多的人快樂，你的快樂會加倍；與人分享自己的成功經驗，會讓更多的人成功，你的成功會加倍；分享一項科學發明，會蓬勃一個行業；分享一種新銳的思想，會增加一代人的智慧；分享如同三月的陽光，冬月的炭火，能溫暖人的心房，拉近人與人之間的距離，何樂而不為呢？

懂得與人分享，才懂得人生真諦

當你擁有六顆蘋果的時候，你會獨自把它們吃掉，還是願意把其中的五顆與他人分享呢？如果你獨自享用，你也就只能吃這六顆蘋果而已，如果你與他人分享，看似你現在吃虧，實際上你卻能得到他人的友情，當他們有東西時，也自會與你分享，你就可能得到另外五種不同的水果，嚐到五種不同的味道，這樣還吃虧嗎？

懂得與人分享是一種大智慧。古人早已懂得財聚人散、財散人聚的道理，學會分享並不意味著自己失去什麼，相反會收穫友情、知識，也收穫了快樂。正如培根說的：「一份憂愁與人分享之後，你將得到1/2憂愁，一份快樂與人分享，你將得到雙倍的快樂。」與人分享的過程，其實就是一個放大自己快樂的過程。

有一位年輕的編輯，很有才華，他寫的文章很受讀者的喜歡，與同事間的關係也很融洽，剛進雜誌社的第一年他就得了大獎。但他慢慢地發現，社裏的同事，不管是上司還是前輩，總會有意無意地針對他，他為此非常苦惱。

他找到一位前輩，想從他那裏得到答案。原來，這位年輕人的作品之所以能獲獎，雖然他的貢獻最大，但也有很多同事的參與和幫助，在他獲獎後，除了上級機關頒發的獎金之外，上司也給了他一個紅包，還在公司裏當眾表揚了他。但他卻沒有感謝上司和同事的幫助，而是將所有的功勞歸於自己，獨享榮譽。人們可能不會在乎分你多少獎金，他們在乎的是你不該貪天下之功為己有，不懂得與人分享。

人們常說：「把一個人的幸福給多人分享，就變成了多個幸福。」著名科學家諾貝爾在讀小學的時候，成績總是班上的第二名，而第一名總是被一個叫柏濟的同學占著。

一次，柏濟由於生了一場大病無法上學而請了長假。諾貝爾的朋友高興地對他說：「柏濟生病了，以後的第一名就非你莫屬了！」但諾貝爾並沒有因此沾沾自喜，他將自己做的筆記寄給因病沒來上學的柏濟。到了期末考試，柏濟的成績還是第一名，諾貝爾則依舊名列第二。

諾貝爾長大之後，成為了一位卓越的化學家，因發明火藥成為巨富。他死後把所有的財產全部捐出，並設立了著名的「諾貝爾獎」。也正是由於他懂得把自己的成功與世人分享，不僅使他創造了偉大的事業，也使後人對他永遠懷念與追思。

懂得分享的人必有豁達的心胸、坦誠的態度和高深的智慧和策略，只有那些虛偽奸詐的人才不會分享，因為對利益的索取使他鼠目寸光；謹小慎微的人不懂得分享，對世界的疑慮和恐懼淹沒了他的好奇；狂妄自負的人不屑於分享，愚蠢的優越感蒙蔽了他的雙眼……當我們樂意和他人分享我們所擁有的知識和快樂時，不但不會有損失，反而會收穫更大的喜悅和滿足。只有真正懂得與人分享的人，才懂得人生的真諦。

智慧品人生

人生可說是千姿百態、五彩繽紛。每個人都走著不同的人生路，有的曲曲折折，充滿是是非非，也有的一路暢通無阻，充滿鮮花掌聲。但無論是怎樣的人生，生活在這個世上，沒有人能不去分享，分享自己的，分享他人的。

也正是有了分享，後人才能繞過路上的坑坑窪窪，跳過路上的各種陷阱，並踩在先驅者的肩膀上，更快地登上成功的巔峰。一個蘋果與一個梨的交換還是一個水果，但你可能會獲得一份友誼；一種思想與一種思想的交換就是兩種思想，這為你的成功加重了砝碼。

2・吃虧也是一門學問

吃虧是福。——鄭板橋

被世人譽為「揚州八怪」之一的鄭板橋曾說：「吃虧是福。」可現在有多少人真的能明白其中的道理和學問？

在人的意識裏，都是不願意自己吃虧的，所以才會有那些為了一點雞毛蒜皮的事爭來搶去的人、有那些為了私利出賣朋友的人、有那些鼠肚雞腸、算計來算計去的人。

而這樣的人無非都是鼠目寸光的人，他們心胸狹窄，容不得一丁點的損失，只考慮眼前利益，從來不考慮以後。真正的智者，看的是長遠的利益，而不是執著於眼前的禍福吉凶。

敢於吃眼前虧

人這一生，誰也不能保證自己會一帆風順，每時每刻都會遇到不如意的事情，正所謂：「三十年河東，三十年河西。」自古以來，就有著不少吃眼前虧成就大事業的人。

古往今來的許多事例都說明，不懂得吃眼前虧的人，不能完美地領悟人生；不懂得吃眼前虧的人，不會有事業的壯麗輝煌。

人們常說：「小不忍則亂大謀。」如果你遇到幾個亡命之徒或地痞流氓，你會為了不吃眼前虧與他們拼搏一下，還是會破財消災、吃點小虧？

現實生活中又有多少人為了所謂的面子和尊嚴，甚至為了所謂的正義和公理，莽莽撞撞，嚥不下一時之氣，結果因為一件芝麻綠豆大的小事，吃了意想不到的大虧。

如果因為不吃眼前虧，連生命都不能保全，又有什麼資格去談以後的事業和人生理想呢？真正的大丈夫，能夠用「眼前虧」來換取「日後益」，懂得根據環境揚長避短，知道有所為有所不為，能吃虧，懂得吃虧，能從「虧」中看到自己的弱點和別人的長處。

一個人，每占一分小便宜，就會丟掉一分人格，一分尊嚴。而一個懂得吃虧、敢於吃虧的人，不僅不會因吃眼前虧而喪失自己的人格，反而更顯示出深層次的魅力，更能為自己贏得更多人的尊重和敬仰。

樂於吃虧是一種境界，是一種自律和大度，是一種人格上的昇華。任何一個有作為的人，都是在不斷吃虧中成熟和成長起來的，並從而變得更加聰慧和睿智。

智慧品人生

有的人在吃虧後，始終念念不忘過去的得與失，賺與賠，進與退，多與少，榮與辱等問題，或是後悔自己當初看錯人辦錯事，終日鬱鬱寡歡，甚至捶胸頓足、一蹶不振，給自己的生活平添了許多煩惱。

有一首流傳已久的不氣歌，在感覺自己吃虧時，不妨唸唸：「他人氣我我不氣，我本無氣他來氣。倘若生氣中他計，氣下病來無人替。氣之為病態可懼，誠恐因氣把命去。我今嘗過氣中味，不氣，不氣，真不氣。」

3．面對誘惑，要學會拒絕

一念之欲不能制，而禍流於滔天。——程頤

荀子說：「人生而有欲。」人有七情六欲，有環境、性格、家人、社會等因素造成的不同的個人欲望，也正是因為有欲望，才會去為之奮鬥，才會進步，但這不等於欲望可以無度。

對人來說，誘惑就如一罈滋味甘醇的美酒，嘗一口，美味無比，再嘗一口，還是清涼爽口，再喝一口，就會為之神魂顛倒，在自己喝得酩酊大醉、迷迷糊糊時，就會陷入美麗而又深不可測的泥潭中，不能自拔。縱觀古今，因不能節制欲望而身敗名裂，甚至招致殺身之禍的人不勝枚舉。

誘惑如慢性毒藥，害人又害己

人生在世，處處隱藏著誘惑，誘惑是某種事物、某種場景、某種意識形態觸動了自己那根敏感的神經後，讓自己的身心得到短暫的快感的毒藥。誘惑不過是你眼前的海市蜃樓，當你沉浸於得到小利而沾沾自喜的境界時，禍患也就乘虛而入，侵入你的五臟六腑，你將會為這曇花一現的擁有付出沉重的代價。

有兩個乞丐是非常要好的朋友，在行乞的生活中相互幫助，一同挨過了一個又一個苦難的日子。

有一年冬天，天氣寒冷。一天，兩個又冷又餓的人準備在一座破廟中過夜，突然乞丐甲在佛像的供桌上，發現了一個已發霉變味的硬邦邦的饅頭，雖然兩個人都飢腸轆轆，但乞丐甲還是把饅頭掰成兩半，兩個人分著吃。

吃過後，乞丐乙建議再找找，說不定還能找到什麼有用的東西。兩個人就開始在小廟裏四處搜尋，皇天不負有心人，兩人竟然在角落的草堆裏找到一個袋子，裏面全是錢！面對如此巨大的一筆橫財，兩人欣喜若狂。

乞丐乙說：「老天爺對我們真是太好了，這麼多錢，我們兩人一人一半，以後就有好日子過了。」

乞丐甲也激動地說：「是呀，是呀，這麼多錢，以後再也不用受苦了，剛才半個饅頭也沒吃飽，你看著錢，我去買點吃的。」

乞丐乙附和說：「多買點好吃的，我們現在有錢了！」

乞丐甲出去了一會兒就回來了，人還沒到廟門就喊：「我買東西回來了，看買了什麼，燒雞，還有酒！」乞丐甲剛進門，後腦就被什麼東西打了一下，暈死過去了，躲在門後的乞丐乙走出來，將他翻過身來說：「兄弟，對不起了，我會好好安葬你的。」說罷，拿起乞丐甲買來的酒和肉大口吃起來，半個時辰不到，就覺得腹中劇痛難忍，原來酒中有毒藥，一會兒就一命嗚呼了。

誘惑的力量是巨大的，它可以讓人喪心病狂，為了自己的利益去害他人性命。面對一個饅頭，兩個人可以分而食之，面對金錢的誘惑，卻鉤心鬥角，爭個你死我活，斷送自己的性命。

在這個物欲橫流的世界上，每個人都會面對很多誘惑：炎炎夏日，便利商店裏琳琅滿目的冰淇淋是一種誘惑；商場中，各式各樣的服裝是一種誘惑；官場上，炙手可熱的權力是一種誘惑；而對他人擁有的車、房、錢，更是一種誘惑……

但金錢產生的誘惑，使多少達官貴人鋃鐺入獄，多少人丟了性命？美色的誘惑，使多少人不顧廉恥，不顧人倫，甚至鋌而走險，走上犯罪的道路？權利的誘惑，使多少人挖空心思佈設陷阱，用不正當的手段牟取私利？

誘惑會使人失去自我，一不小心就掉入生活的深淵中。誘惑如惡魔，撕扯著人原本純真的心靈；誘惑又如毒藥，湮滅著人的靈魂；誘惑更如巨獅，吞噬著人的生命。

誘惑，來源於我們的內心，來源於我們對現實的不滿，以及對物欲的追求和貪婪。但這樣的追逐何時是個頭，不如滿足於自己所得，珍惜擁有，不去羨慕別人的生活，不因受他人的誘惑而痛苦，不被外界的誘惑左右自己的思想，固守做人的原則，守住心靈的防線，這樣的人生才會精彩，才有意義。

拒絕誘惑，遠離危險，造就成功

英國的莫爾說過：「人這一生最艱難的就是選擇。」對一件東西的肯定，就是對另一件東西的否定，選擇就表明你必須放棄一樣。在一粒芝麻與一個西瓜之間，你一定明白什麼是明智的選擇，面對人生中大大小小的誘惑，我們也只能做兩件事，一是接受，一是拒絕。接受了是一個結果，拒絕了就是另外一種與之相反的結果。

在懸崖旁邊有一堆黃金，很危險，想要得到黃金，隨時都有掉下去的可能，但如果能拿到黃金，就衣食無憂。第一種人是面對誘惑，鋌而走險，以僥倖的心理去取黃金；第二種人會想到危險，但還是有想去試試的心理；第三種人會遠離懸崖，而且是越遠越好，不去想那天上掉餡餅的好處。但古往今來，誘惑「引無數英雄競折腰」，克制欲望、抵抗誘惑真是件不容易的事。

夏娃因擋不住蘋果的誘惑，被逐出了伊甸園；和珅因擋不住金錢的誘惑，成了人人唾罵的大貪官；商紂王因擋不住酒池肉林的誘惑，丟失了大好江山；呂布抵擋不住美女的誘惑，最終落了個英年早逝的下場。

誘惑是心靈深處最黑暗的魔鬼，一旦被觸及，如控制不好，就無法擺脫，無法壓抑，更無法抗拒，只得變成它的奴隸。但反過來想，其實誘惑的惡果是自己給自己的，面對金錢，有視財如命，永不滿足的，也有視其如糞土，懂得去佈施的，這只能說明一個人的心態決定其對誘惑的選擇。

現實中確有不少人為了祖國、社會的利益，拒絕誘惑，贏得了人民的讚譽，實現了自己人生的價值。是誘惑不夠大嗎？不是，他們在誘惑、動搖中冷靜，在堅定、平衡中成長，他們能擺正自己的心態，正確處理誘惑與欲望，朝著人生的偉大目標走那條屬於自己的路，讓自己平穩而幸福地走向成功的路。

在布滿了誘惑的人生路上，我們要學會拒絕，遠離誘惑。輕輕吹一口氣，讓誘惑離你而去，你才會快樂，才會輕鬆，才能平安。

智慧品人生

人生，面對同樣的誘惑，每個人的人生卻是不一樣的。人生的成敗，無非就是看你對誘惑有沒有足夠的定力和灑脫。當你誘而不惑時，那是催人向上的誘惑，當你誘而被惑時，就會一失足成千古恨，毀了自己。

古人云：「知足常樂，人到無求品自高。」把握自己的欲望，給自己一份安寧，我們的生活就會更完美，就能在各種各樣、形形色色的誘惑的面前保住心靈的淨土！

4・不要背著別人的眼光上陣

走自己的路，讓別人去說吧！——但丁

世界上的萬物，都有著自己與眾不同的生活方式和各自的命運，就如花兒為了綻開笑臉，不得不迎接風雪的挑戰，就如飛蛾為了尋找溫暖，才有撲火自焚的壯舉……或許有很多行為在他人眼裏是不可理喻的，但那又怎樣呢？

每個生物都是一個獨立的個體，有著自己獨特的個性和生活。人類也是這樣，如果一個人總是被他人的評價所左右，把精力全部消耗在應付環境及他人的評論之中，以至沒有餘力去追求自己的人生理想，那該是多麼可悲呀！

人生在世，都是為了自己心中的理想而活，但在實現理想的過程中，總是直線不多，曲線不少，每一步都是那麼的曲曲折折、彎彎轉轉。所以，一定要認準自己心中的理想，堅定自己所選擇的路。不管是多麼坎坷泥濘，不管他人怎麼看待，只要沿著自己認為正確的方向走，終將會實現理想，成為與眾不同的人。

別人的評價，自己的路

所有的人都知道，正因為世界上沒有兩片完全相同的樹葉，生活才會五彩繽紛。生活中也沒有完全的對與錯。但在我們身邊，很多人不是為了自己而活，他們總是在別人的指指點點下小心翼翼地生活，做一件事總是要在意他人的看法與評價。

他們總是想：「我這樣做，外人會怎麼評價我呢？」、「別人對我會是什麼看法呢？」、「他們該不會嘲笑我吧」……他們讓別人的口水淹沒了自己的個性，每走一步都要左顧右盼，直到肯定沒有任何的異議才敢放心地邁出一步。

生活在社會的圈子中，難免不對他人進行評價，別人也難免不對自己進行評價。不錯，評價對於人們來說是很重要的，當自己的做法受到他人的贊同時，就會充滿動力，但也不能被他人不認同的看法左右，以至改變自己的路線，放棄自己的目標。

畢竟每個人都有不同的生活環境和思想，有自己做人的標準，他人的評論只不過是他站在自己的角度看問題，是他自己的看法罷了。你認為有道理就聽，認為不正確就可以不理會，主動權應掌握在你的手裏。如果對於他人的評價都一股腦兒接受，靠別人的評價才能找到自己的存在，把他人的評價看得太重，就必定會失去自我。

中國歷史上唯一的一位女皇帝武則天，在當時的那種社會環境下，打破男尊女卑的觀念，打碎封建思想的桎梏，一躍登上皇帝寶座，統治長達半個世紀，形成強有力的中央集權，社會安定，經濟發展，上承「貞觀之治」，下啟「開元盛世」，不拘一格任用賢才，順應歷史潮流進行改革。

可她又殺死自己的親生兒女，廢除太子，為了達到目的而環環相扣地設計，陰狠毒辣的手段讓人不寒而慄。她死後為後人留下一個無字碑，聽盡眾人好與壞的評價，這又是怎樣的一種大度。

有智慧的人，能擺正心態傾聽他人不同的評價，正確看待自身與他人的差異，不會因他人的大加讚賞，就驕傲自滿，也不會因他人的不同意見，而認為是不公的評價，總想為自己辯解。他既不會自輕自賤，也不會盲目自信，更不會把自己寶貴的時間浪費在無謂的辯解和憤憤不平上。

我們一生不一定都會做大事成大業，但一定要知道自己活著的意義，追求自己的事業。理想的路是自己走出來的，別人的評價不會為你開拓腳下的路，自己的未來完全取決於自己的決定，而不是他人的看法。

或許這一路上，充滿了種種壓力，有親朋好友的不理解，有他人異樣的眼光和嘲諷，但為了自己最初的夢想，這又算得了什麼呢？不在乎外界的評價，排除前進道路中的一切阻撓，有迎難而上的勇氣，堅持自己所選擇的道路和方向，最終會有結果的。

堅定自己選擇的路，終會成功

「堅持自己的選擇，走自己的路。」多麼平淡的一句話，可在眾多異樣的眼光和嘲諷下，又有幾個人能做到呢？

有個女孩，在她三歲的某一天，和母親從外面回家，她堅持要走自己選擇的一條小路，可是母親認為這根本不可能，因為她們從來沒有從這裏走過。但倔強的她非要走，即使母親非常生氣，嚇她說前面很危險。最後母親拗不過她，只得陪她同行，沒想到她們真的回到了家。

在她上學後，她依然這樣。課堂上，她對一些習題的獨特解法常常令老師目瞪口呆，還經常和老師較勁。十七歲的時候，她在讀了一本有關居里夫人的書後，立下志願自己也要當科學家，做「居里夫人第二」。

大學畢業後，父母想讓她去當一名中學老師，但她已有自己明確的目標，堅決不答應。不過在當時，反猶太人的浪潮一波高於一波，對婦女的歧視更是遠沒有消除，出生在中下層猶太人家庭的她非常明白，自己選擇的路將困難重重。為了能夠繼續求學，她當上哥倫比亞大學一位生物化學家的秘書，這使她能旁聽研究生的課程。

經過千辛萬苦的努力，她終於如願以償地當上了伊利諾大學工程學院的助教時，歧視婦女的人卻又冷嘲熱諷說是因為許多優秀的男青年去參軍了，她才得以顯露出來。面對這些白眼冷遇，她全都不予理睬，更加努力地去做研究。

她在入校的第二年就取得了碩士學位，並成為伊利諾大學物理系的第一位女博士。在隨後的幾年裏，經過不懈的努力，她發明了放射免疫分析法，對醫學界可謂是一場革命，被稱為是第二次世界大戰後「在臨床醫學中最重要的基礎研究成果」，並因此而榮獲諾貝爾生理學及醫學獎。

她就是羅莎琳·蘇斯曼·雅洛，一位一生堅持走自己的路的女科學家。她有自己堅定的信念，不顧外人的冷嘲熱諷，不顧外界的困難阻撓，用滿腔熱情，走出一片屬於自己的廣闊天地。

縱觀古今中外所有有成就的人，他們無不是堅定不移地走自己的路的，即使選擇的是一條艱難的路，即使路上的艱辛與困苦沒有人與他分擔，即使會為此而付出沉重的代價，他們也從不把外界的困難和他人異樣的眼光、嘲諷、不理解放在眼裏，跌倒了，爬起來，彈彈身上的泥土，繼續前行。

就像但丁說的：「走自己的路，讓別人去說吧！」想要做有成就的人，就不能活在他人的目光下，堅持自己的理念，擯棄前人的觀點，即使別人向你投來更多懷疑的目光也無須畏懼。相信自己，執著信念，走自己的路，不在乎外界的眼光。

智慧品人生

自己每做一件事，總會有人來進行評價，一旦他們覺得不合理或不認可，你就會受到他們語言的攻擊和干擾，讓你前進的路更加困難。久而久之，人們只得活在別人的眼光中，別人認為好的，就義無反顧地去做，別人認為糟糕的事，就敬而遠之，這樣的人生還有什麼意義？

愛默生曾說：「偏見常常會扼殺很有希望的幼苗。」為了避免自己被「扼殺」，當你向理想中的目標邁進，別人卻向你潑冷水，以打消你的積極性時，你要堅定信心，排除外界的干擾，集中精力致力於奮鬥目標。

不要把稜角磨圓，不要相信所謂的世故圓滑，人生需要的是實實在在的前行，走在悠悠的人生道路上，每邁出一步都是一種考驗，但只要看準了，就要充滿自信，敢於堅持走自己的路。

請記住：走自己的路，讓別人去說吧！

5．送人情不吝嗇，多為自己開條路

幫助他人的同時也幫助了自己。——羅夫．瓦爾多．愛默森

自古以來，先人就要求後人要知恩圖報，即如果有人給你恩惠，你就須記住人家的好處，就得找機會去償還，這一欠一還，一來一去，也自然成了朋友，為

自己多開了一條路。

但在生活中，又有多少人懂得施恩送人情對自己的益處呢？人們看的總是眼前的小利小益，從不去考慮長遠規劃。比如你在沙漠裏，把自己的水分給一個瀕臨渴死的人，他必定會從內心感激不盡，終生不忘，在以後的人生路上也會盡力幫助你。施恩送人情是一種美德，既能幫助他人，又能為自己多開條路，何樂而不為呢？俗話說：「在家靠父母，出門靠朋友，多一個朋友多一條路。」

人情是無形的資產，是財富

在日常生活中，許多偶然的事情，將會決定你未來的命運，可能是一句溫暖人心的話，一個關愛的眼神……在人際交往中，多對周圍的人做點好事，不管是陌生的路人，還是朋友同事，在他們需要幫助時，在自己能幫助他們時，伸出自己的手，為他們提供一些幫助，這都可能成為影響你將來命運的重要因素。

有一位自己創業的年輕人，在承包了一家大電器公司的工程後，十分注意與電器公司的員工搞好關係。他將電器公司中各員工的學歷、人際關係、工作能力和業績，做了全面的調查和瞭解，如果哪個人有需要幫忙的地方，哪怕他只是剛進公司的小員工，他都會盡力幫忙。他還經常在節假日邀請公司員工一起出去玩，哪個人晉升了他也會進行祝賀。

後來，在各家生意競爭十分激烈的特殊時期，許多公司倒閉破產，只有他的公司仍舊生意興隆。其中很大的原因就是他平常對客戶付出的關心多，在困難時，這些人也幫助他，對他不離不棄。

送人情並不一定非得送大禮，也許沒有比幫助他人這一善舉更好的人情了。其實，人在旅途，既需要別人的幫助，又需要幫助別人。救人於危難倒懸，不但得到了人緣、信譽及聲望，也是積善積德，更是留下了人情，日後所得勢必要超過你的付出。

所以，不要在別人伸出求援之手時，冷冷地推開；不要在別人痛苦地呻吟時，無動於衷；不要在遇到不平時，不懂得什麼叫拔刀相助。更不要小看一句溫暖人心的話，小看幫助他人的一個小動作。古人云：「不積跬步，無以至千里；不積小流，無以成江海。」人們總是因積小善而成大德的。

對他人舉手之勞的幫助，或許僅僅是一個信賴的眼神，一聲贊同的掌聲，一個會心的微笑，都會給他人、給你帶來意想不到的驚喜。有一天，你為他人雪中送炭，哪一天，他人就會給你雨中送傘。

所有人都知道，求人幫忙是被動的，可如果別人欠了你的人情，求別人辦事自然會很容易，有時甚至不用自己開口，他人就會給你提供方便。所以不要吝嗇你的幫助，因為對於一個身陷困境的窮人來說，一枚銅板的幫助，可能會使他解決極度的饑餓和困苦，說不定還能做出一番事業，闖出自己富有的天下；對於一個執迷不悟的浪子，一次促膝交心的談話，可能會使他建立做人的尊嚴和自信，說不定還能在懸崖勒馬之後奔馳於希望的原野，成為一名真正的勇士。

人情要做足，好人要做到底

我們不難發現，所有有成就、很風光的人，其人脈都很廣。而這人脈大樹需要用人情去灌溉，缺少人情，樹再大，終究會乾枯，人情足，人脈樹就會枝繁葉茂。人生活在世上，不僅要做人情，還要把人情做足，好人做到底，才能穩固自己的人脈。

大家都知道，韓信在落魄時，曾受過鄉里惡霸的胯下之辱，在他當了楚王，衣錦還鄉後，完全可以殺死羞辱他的人來報當年的仇，可韓信不僅沒有殺死那個市井無賴，還封他做了楚國的一個小官。這使那個人大感意外，對韓信深為敬佩。韓信正是懂得以人情收人心，把人情做足、做滿，使自己的敵手成為心腹，即使為他赴湯蹈火也在所不惜。

但在現實中，我們常會看到這樣一些情況，比如你請朋友辦點事，朋友滿口答應沒問題，但幾天過去了，朋友卻對你的事不重視，以至於也沒有什麼結果，這時你是不是就會想，這朋友說話不算數，不能長交。所以，在別人有困難的時候，該出手時就出手，千萬別猶豫。如果答應要幫人家，就要盡心去做，不能做得勉勉強強。把人情做足，好人做到底，在朋友最困難、最需要幫助的時候，給他幫助。

要想獲得真正良好的人際關係，需要用一顆誠心去與他人交往。真誠地幫助別人，不能只做口頭文章。

智慧品人生

很多人都滿懷壯志要做一番大事業，卻不懂得積小善可成大德、戒小惡才能避大禍的道理。

一個人若要讓人喜歡，如不能以做大事來感動他人，那就以一個小小的表情、動作使自己深得人心。因為人世間任何偉大的事業都是由很多小事組成的，一件微不足道的小事，或許可以完全改變人的一生，生活中的點點滴滴，也可以顯現出一個人的真心。

在他人遇到困難時，即使你只能出點微薄之力，也要熱心地去給予，因為這在需要幫助的人眼裏，就像是雪中送炭一樣，會讓他心存感激，永遠也不會忘記。

其實生活中許多事只是我們的舉手之勞，卻都有著不同的意義，所謂細微之處見精神，平凡之中孕育著偉大，懂得在小處幫助他人的人，必定會朋友遍天下。

6．當斷則斷，要做到黑臉無情

世上沒有一個偉大的業績，是由事事都求穩操勝券的猶豫不決者創造的。——愛略特

人的一生，經常會遇到讓人舉棋不定、猶豫不決的事情，在處理時，適當地考慮，以免出錯是有必要的，但如果太過於猶豫不決、優柔寡斷，那對於成功來說就是最大的障礙。

當今世界，充滿著各種機會，但機會來時要當機立斷，及時把握。猶豫者錯失機會，觀望者喪失機會，等待者永無機會，強者抓住機會，智者創造機會。做事果斷，是一個人能否更快成功的關鍵。看到機會，要果斷決策，勇敢地去行動，這樣你就成功了一半。

優柔寡斷，難成大事

所有成功的人都是敢想敢做的，具有當機立斷的能力，但現實生活中，並不是每個人都能做到這一點，他們總是瞻前顧後，患得患失，當斷不斷，以至經常錯失良機。

西楚霸王項羽，可謂是無人不知、無人不曉。他的「力拔山兮氣蓋世」的豪情被世人所仰慕，但也正是因為他性格上的優柔寡斷，當斷不斷，才反受其亂，最後敗給了劉邦，改變了他的命運。

在破秦入關時，項羽的謀士范增建議他趁此機會攻打劉邦，但項羽卻躊躇不決。在得知劉邦想要稱王，掠奪了大量財富後，項羽才下決心消滅劉邦，但他卻不能果斷地下決定，不能堅持自己的主張，被人一番花言巧語就改變了想法，白白丟失了大好機會。

在鴻門宴上，項羽原本有機會殺掉劉邦，但他總是下不了決心，拿不定主意。最後在自己的優柔寡斷下讓劉邦安然離開，逃之夭夭，最終讓自己成為一個失敗者。

人這一生，幾乎每時每刻都要做決定，當我們面對一些難以取捨的問題時，思考是必然的，但事實說明，如果優柔寡斷，就是在浪費成大事的機會，優柔寡斷者註定要吃大虧，因為當你再三考慮時，當你真的準備好時，機會可能已經不屬於你了，成功很可能會與你擦肩而過。

在這個競爭激烈的社會，一旦看到機會就要毫不猶豫地搶先出手，絲毫的猶豫都有可能使機遇被他人搶走。要想事業成功，在社會有立足之地，就必須具有果斷決策處理問題的能力，有當斷則斷的魄力，對自己認定的事要敢想、敢做、敢當。

做事要乾脆，果斷放棄

人生要經歷很多事情，有好的也有壞的，在你無法選擇的時候，要果斷地放棄，萬不可拖泥帶水，害了自己才後悔。

大海裏有一種棘皮動物叫海參，牠的外表如一根圓圓的香腸，身體上端的開口是嘴，下端的開口是肛門，體內有一些具消化及吸收作用的血管。當海參遇到危險時，就會果斷地把體內又黏又濕的血管和內臟器官排出來，纏在敵人的身上，自己「無臟一身輕」趁機溜走，經過十幾天，牠會重新再長出新的內臟器官。如果海參在那一刻沒有果斷乾脆地下決心，而是猶豫不決，那牠很可能就會為此丟掉性命。

其實人也如此。有時候我們需要堅持，但面對超越了自己所能承載的「貨物」，或對自己是多餘的東西時，就需要果斷地放棄。

縱觀人生道路，大多呈波浪起伏、凹凸不平之狀，果斷放棄是面對人生、面對生活的一種明智的選擇。必要地放棄，不是無能，而是為了明天更多的獲取。可古今中外，有太多的故事，讓我們看到因貪戀功名利祿、不能果斷放棄眼前的權與財，為此丟掉更多東西甚至性命的人，李斯就是一個。

李斯身居丞相之職，享受一人之下、萬人之上、權傾朝野的榮耀時，也曾想起他恩師的教導，在權力地位達到頂峰之時，果斷放棄，退出官場是非，回到家鄉過悠然自得、無憂無慮的生活。可他因為貪戀權力和富貴，一次又一次不能下決心放棄眼前的一切，最終被人陷害，殃及三族全都不能活命。

對一件事的執著不容易，要放棄更不容易。但如果你想成功，就必須學會果斷放棄。放棄那些不適合自己充當的社會角色，放棄束縛自己的人情世故，放棄那些功名利祿，放棄徒有虛名的奉承誇獎。只有學會放棄那些本該放棄的東西，才能輕裝上陣、一路高歌；只有學會放棄，走出煩惱的困擾，生活才會絢麗多彩、生機勃勃。

智慧品人生

人生真的好奇怪，馬拉松比賽獲獎者說，只有堅持才能勝利，所有成功的人也在說，堅持就是勝利。可見，在他堅持自己選擇的路時，已經放棄了太多太多的東西。人生就是這樣，如果想成功，就必須堅持自己的信念，不能為他人所動搖，對自己認定的事要果斷而堅定地去做，對路上其他的誘惑要有果斷放棄的勇氣和決心，才能讓自己有更多的精力去實現心中的理想。

7．能屈能伸謂之大丈夫

丈夫之志，能屈能伸。——程允升

在人們的意識中，山是力量的象徵，而水是柔弱的象徵。其實不然，有道是滴水能穿石，水也能彙集成波濤洶湧、驚濤駭浪的大海。

當一路暢通無阻時，它會奔流而下，而有高山峻嶺阻擋，不能前行時，它懂得適應地形，繞彎前進，去尋找一條新的出路，不管遇到什麼樣的阻礙和不順，都能坦然面對，做到能屈能伸，直奔自己夢中的理想所在地，可謂是自然界中的「大丈夫」也。

人也如此。荀子說：「大丈夫根據時勢，能屈能伸，當屈則屈，當伸則伸。」一個成功的人，必定是具有強大的韌性與足夠彈性的人，在人生旅途中，無論是遭遇失意和得意，都能泰然處之，客觀面對。在失意時，懂得在狹小的空間裏，最大限度地屈下身來保護自己，以適應環境的變化，而心中並不氣餒；在高潮時，把握發展的機會，重新站起來，最大限度地揮灑自己的智慧與才幹。

如果心中存有遠大的理想，那麼就要能屈能伸，屈於當屈之時，是智慧，伸於可伸之機，也是智慧。人之屈，是為了保住生命，保存力量，所謂：「留得青山在，不怕沒柴燒。」人之伸，是為了找準機會，將蓄積已久的能量爆發出去，高揚自我，以便實現人生的理想。

能屈能伸，進退自如

一場大雪過後，人們在樹林裏發現了一個奇怪的現象：榆樹有很多粗大的枝條被厚厚的積雪壓斷了，而一旁的松樹卻生機盎然，沒有受到一點傷害。其原因就在於，榆樹粗大的枝條不會變曲，當冰雪在上面越積越厚，超過了它的承受能力時，只能被壓斷，而身軀柔弱的松樹在不能承受冰雪的壓力時，把樹枝垂下，讓積雪從身上滾落下來，才能在風雪過後，依舊挺拔，巍然屹立。

有志向的人認為，大丈夫在臨難時，無懼無憂，不屈不撓，不貪生以害義，寧殺身以成仁。剛強不屈才是大丈夫的本性。可過於剛強，不懂得屈身的人，極易折斷。縱觀古今中外，所有成就大事業的人，都懂得能屈能伸，可以進退自如。進時，必定是稱帝封王，建功立業，錦繡文章，譽滿中華，腰纏萬貫，富甲天下；退時，可以放下身段，委曲求全，淡泊名利，退隱山林，粗茶淡飯，自得其樂。

人生的道路不會是一帆風順、毫無波折的。這時候，面對障礙你不能前進時，必須換個角度考慮問題，重新選擇道路，絕對不要「一條道走到黑」，一時意氣用事最後落個兩敗俱傷、魚死網破，丟了性命連以後反抗的機會都沒有了。

水因為一彎一曲而流向大海，蛇因為一屈一伸而得以前進。在人生前進的路上，不能硬著頭皮一路前行，不撞南牆不回頭，也不能受一點阻礙，就像縮頭烏龜一樣不敢伸頭。要想在紛繁複雜的世界中安身立命，成就大業，大丈夫必須懂得面對不同的情況，該進時要進，該退時要退，做到進退自如，方能立於不敗之地。

識時務者為俊傑，乃大丈夫之道

在中國的洞庭湖裏，生存著很多魚，每當旱季來臨時，湖水慢慢乾涸，魚蝦就會拚命尋找賴以生存的水，可只有一種魚，牠把自己全身扎進濕泥裏，口銜泥水，靜靜地躺在泥裏一動也不動，就像死了一樣。

等到湖裏的水全乾了，魚蝦不是乾渴而死，變成乾魚，就是被人們撈走了，獨獨只有這種魚，被誤認為是泥巴，僥倖逃過一劫。隨後，牠就一直躲在泥裏，依靠自身保存的水分和能量來維持生命，直到雨季再次到來。

一個人不管有多大的實力，總會受到周圍環境和各種各樣因素的影響，不能實現自己的目標和願望，如果硬著頭皮一意孤行，最後吃虧的還是自己。古人講：「識時務者為俊傑。」識時務者，識榮辱、知進退也。識時務者，知道什麼時候進，什麼時候退。剛柔並濟，在自己不得意的時候，退一步，保存實力，留下性命。

人生就像洞庭湖裏的泥魚一樣，真正的大丈夫不一定是那些縱橫馳騁如入無人之境、衝鋒陷陣無堅不摧的英雄，卻會是那些看準時局、能屈能伸的聰明者，他們懂得或陰或陽，或柔或剛，或開或閉，或弛或張，能夠適應不同的環境，採用不同的生存與發展方式。

當我們遇到危險或困難或形勢不利於自己時，不妨隱藏自己的鋒芒，給人以錯覺，讓對方放鬆對自己的打擊和注意力，把兩者的摩擦降至最低。

把頭低下來，不是軟弱，不是窩囊。面對猖獗的惡勢力，只知躲避、退縮、永遠都不敢挺身而出的無所作為者，才是窩囊。適時地低頭是為了保存自己的能量，把對自己不利的環境轉變成對自己有利的力量。

「識時務者為俊傑。」善於從容退讓，暫時忍辱受屈，暗地裏默默積蓄力量，等待轉敗為勝的時機，是為人處世的一種柔軟，一種權變，也是一種高明的生存智慧。

智慧品人生

人生漫長，變幻莫測，在前行的道路上難免會遇到困難、會碰壁，在面對厚重堅固又低矮的門框時，有多少人懂得去低下頭呢？

真正的智者，懂得暫時的低頭並非卑屈，而是為了長久的抬頭。一時的退讓不是喪失原則和失去自尊，而是為了更好地前進。能屈能伸，剛柔兼濟，才不失男子漢大丈夫的氣度和風範。

學會低頭，就是讓人懂得忍。忍是一種寬廣的胸懷，忍是一種包容一切的氣概，只有能忍者才能做到大智大勇，而不是頭腦發熱的莽夫。在忍中，去審時度勢，把握全局，順利跨越生活中意想不到的低矮「門框」，免受無謂的傷害。

第五章

完美生活，捨得乃是引路人

世界由陰與陽構成，人生在世，活著也就是一捨一得的過程。學會了捨得，才能有完美的生活。

捨是一種智慧，得是一種勇氣，無貪的培養是解決人們心靈所有煩惱的強大力量。「君以此始，則必以此終」，你選擇了一種生活，就要相應的承擔選擇所帶來的連鎖反應，生活的味道有酸有苦有甜也有鹹，可謂是五味俱全，但並不是每個人都可以嘗得到，所以總會有人在同一件事情之中，選擇一種屬於自己的味道。選擇了，捨得了，無非是要真正知道你自己要的究竟是什麼！

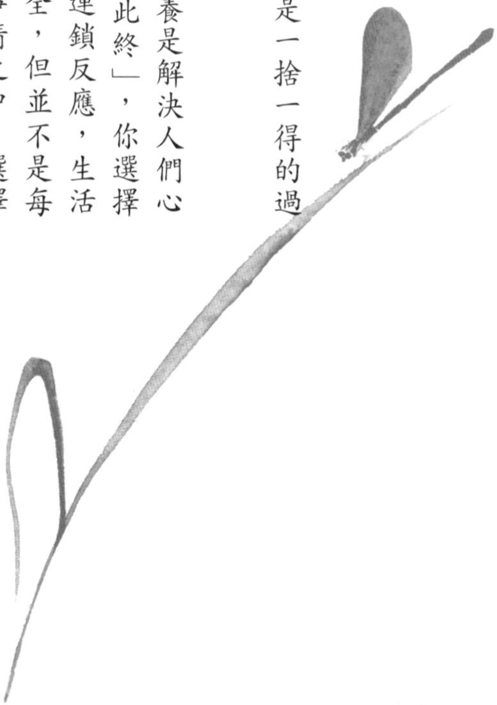

1.不要為打翻的牛奶哭泣

如果你因失去太陽而流淚，那你也將失去群星。——泰戈爾

人的一輩子不可能順風順水，總有失利的時候。人生過程就是得到與失去的過程，如果沒有失也就無所謂得。所以，得與失是人生當中很正常的現象。

可是有很多人不能正視得與失，他們常為一時的得而欣喜若狂，又為短暫的失而黯然心碎。其實大可不必，真正成熟的人是不會計較這些的。

要知道，我們每個人最初來到這個世界上的時候，就是一無所有的，隨著一天天的長大，我們才慢慢地獲得了許多東西，如果因為某種原因我們又失去了它們，那也只不過是回到了從前，又有什麼可悲傷的呢？人之所以會悲傷，就是因為把以前的得到看成了理所當然。所以要想活出一個有意義的人生，就不能僅僅習慣於得到，還要習慣於失去。失去本身並沒有問題，有問題的只是人的心理。

失手打翻了一瓶牛奶，固然令人心裏不是滋味，可是也無須為此哭泣。因為

哭泣並不能讓牛奶恢復原樣，只不過讓自己徒增傷心罷了。我們的痛苦並不是來自於失去，而是來自於我們的「不肯放手」。

萬事看開，得失隨緣

有個人坐在一艘輪船的甲板上看報紙，突然刮起了一陣大風，把他新買的帽子刮到了大海中。令人訝異的是，他不慌不忙地用手摸了一下頭，又看了看正在飄落的帽子，像是什麼事都沒有發生似的，又看起了報紙。

有人很疑惑，於是問他：「先生，你的帽子被刮入大海中了！」

「知道了，謝謝。」他仍然低頭看報紙。

「可是你那頂帽子值幾十美元呢！」

「是的，所以我正在考慮該如何省錢再買一頂呢。帽子丟了我很心疼，可是它再也回不來了，不是嗎？」說完又看起了報紙。

的確，失去的已經失去了，何必為之大驚小怪或耿耿於懷呢？人生長路漫漫，總有失去的時候。既然失去了，就不要再強求，畢竟有些失去是人為的力量不能扭轉的。比如：公司要裁員，你不幸「榜上有名」；市場的競爭斷了你的致富之路；天災人禍讓你損失慘重，諸如此類明知道留也留不住的東西，又何必固執地要去得到呢？失去有失去的道理，我們只需要用一顆平淡的心來面對，讓生命變得豁達和從容。

有句話說得好：「舊的不去，新的不來。」也許此時的你失去了一份淒美的愛情，失去了一次升遷的機會，又或許丟失了一筆錢財……總之，不管是哪一種情況，傷心和難過都是毫無意義的。與其為失去的工作傷心，不如振奮精神去找一份更好的；與其為分手痛不欲生，不如花點心思療養自己的傷口，然後尋找新的愛情；與其為丟失的錢財心疼不已，不如考慮如何能讓自己賺更多的錢。要知道，歷史不會為任何人停留或改寫，既然已經成了事實，最好坦然地接受它。

生活中並不是人人都能理智地面對失去，人們之所以對「失去」不能釋懷，也許正是驗證了那一句話：失去了才知道珍惜。擁有的時候不覺得好，等到失去才猛然發現，原來失去的東西是一件稀世珍寶。於是一直沉浸在回憶裏，懊惱不已，更無心進取。

一個真正懂得生活的人，不會去計較一時的得失，他們會在一次次的彷徨失意中重新站起來，不斷修養自己的身心。只有這樣的人，才能品嘗到成功的喜悅，成為生活的強者。

失去的就讓它過去，也許有的東西本不屬於你，失去了說不定對自己也是一種解脫。如果太過留戀，也許你將失去更多。雪花飄飄很美，可是它終究要化為一無所有；百花爭豔很美，可是它終究要枯萎凋謝；傍晚的夕陽很美，可是它終究要西下。這些失去是必然的，你能留得住嗎？既然人人都無法抗拒，就該順其自然走下去，又何必為此傷神呢？

失便是得，何必傷神

有一天，一個女子在公園獨自哭泣，有人上前問她：「小姐，妳怎麼了？為什麼哭得這麼傷心？」這個女子說道：「我男朋友和我分手了，我很難過，想不通到底為什麼，我對他那麼好，他還是要離開？」

不料，這個人聽了卻哈哈大笑，說：「妳真笨！」

這下子，這個女子就火了，說：「你這個人怎麼這樣！我失戀已經很傷心了，你不安慰我也就算了，反而還笑我笨！」

這個人回答：「傻瓜！這根本就用不著難過，真正難過的應該是他！因為妳失去的，只不過是一個根本不愛妳的人，他失去的卻是一個愛他的人。」

是的，既然已經分手，就不要再無謂地傷心了。古人云：「強扭的瓜不甜！」失戀固然讓人有一種揪心揪肺的痛苦，但感情畢竟是兩個人的事情，一個人如何能強求的來？既然他選擇離開，肯定有離開的理由，也許他的離開能讓你找到屬於自己真正的幸福。

有時候也許因為你的放棄反而得到了，魚與熊掌不可兼得，要做出怎樣的選擇，還是掌握在自己的手中。人不能總是生活在過去的陰影裡，應該調節好自己的心態，相信夢醒後明天一切都會好的！

除了感情之外，任何事也都是這樣。時間、空間甚至金錢，我們僅僅是臨時占有，到最後終將失去，誰都無法避免。與其為了失去傷心，不如看看自己還擁有什麼，即使這些也終將失去，但畢竟現在我們還可以臨時支配。

當我們離開這個世界的時候，同樣也不會帶走什麼，關鍵是你給這個世界留下了什麼，而不是你曾經擁有過什麼。

命運是無法改變的，但是我們可以改變自己的態度。生活給予每個人成功的機會是同等的，之所以收穫不同，只是因為人們的心態不同罷了。

有個行人挑著一個扁擔，扁擔上掛著一個茶壺，突然茶壺墜落地上碎了，可是他頭也不回地繼續朝前走。路人見了忙喊他：「喂！你的茶壺掉在地上了！」誰知這個人淡淡地回答說：「我知道，既然已經碎了，回頭看又有何用？」

茶壺雖小，卻顯示出了一個人平和的心態，對於過去的事情我們只能緬懷和追憶，再多的傷感都是無濟於事的。如果你一味地浪費時間去為無法改變的事實擔憂，不但會毀了自己的生活，甚至會毀掉自己的精神。人生就是不停地得到和失去，只要已經盡過最大的努力，即使失去了也沒有什麼可遺憾的，自己問心無愧就好。

智慧品人生

上帝給你關上一扇門時，會給你打開一扇窗。不論什麼時候，總有一條路通向光明，如果我們過於傷心就會錯過機會。所以，永遠不要為已經失去的東西傷心，因為上帝會送給你一個新禮物。如果自己先迷失了，又如何找到上帝為你開的那扇窗呢？

因此，失去並不見得是壞事。花兒雖然凋謝了，卻換來了枝頭的碩果累累。所以說，失去便是得到，我們焉能不為當初的失去而感到欣欣然？繼續向前走，朝前看，前面另有一路風景一路歌！

2・患得患失，得不償失

不急功近利，不患得患失，堅定不移地奠定基礎、創造條件，自會有妙手偶得的樂趣。——喬夫

生活中，總是會有這樣一些人，他們做什麼事情都要再三思量、反復考慮，把方方面面都考慮得十分周全，做完之後又放心不下，如有不妥，就擔心把事情辦砸。還擔心別人對自己的看法，極其重視個人的得與失，心裏得不到片刻安寧。

這種人的心態其實就是典型的患得患失。患得患失在詞典中的意思是：擔心得不到，得到了又擔心失掉，形容對個人得失看得很重。有一句話說得好：「人生常會有得有失，但不可患得患失。」是的，得與失是每個人都不可避免要面對的問題，如果你不能以淡然的心態去面對得到和失去，你就會得不償失。

患得患失會讓一個人為了達到自己的一己之利，打擊和排斥異己，甚至不擇

手段，無所不用其極。而且患得患失的人活得並不輕鬆，心裏往往承受著比別人大幾十倍的壓力，弄不好還會落個顧此失彼、前功盡棄的結果。

所以，當我們在得與失之間猶豫不決的時候，一定要保持清醒的頭腦，不要做錙銖必較、追名逐利之徒。得與失應該用長遠的戰略眼光去看，才會更有價值和意義，只有那些目光短淺的人，才會只顧眼前利益，看不見利益背後的隱患，更看不見緊跟在「失去」後面的「得到」。

患得患失是人生的精神枷鎖，是附在人身上的揮之不去的陰影。現代社會的競爭不斷加劇，患得患失的人越來越多，能夠從容不迫的人越來越少了。患得患失的人總是怕會失去什麼，但其實他什麼都得不到，因為什麼都不想丟下，就什麼都得不到。正如哲學家叔本華說的一句話：「患得患失是在痛苦與無聊，欲望與失望之間搖晃的鐘擺，永遠沒有真正滿足，真正幸福的一天。」

患得患失的人往往做不成大事，頂多也只是做個小掌櫃而已，躲在半人高的櫃檯後面，用漆黑的檯面擋住自以為十分高明的算計，為了些許蠅頭小利不停地撥弄算盤，可笑的是，他自以為天衣無縫的手段，早在一轉身之間，就把來龍去脈昭告了天下。

人生常事——得與失

《孔子家語》裏記載著一個故事：有一天，楚王外出遊玩，不小心弄丟了他的弓，他手下的人要去找回來時，楚王說：「不必了，弓掉了，總會有人揀到，不管是誰，反正都是楚國人得到，又何必再去找？」

孔子聽說了這件事，感慨道：「可惜呀，楚王的心還是不夠大！為什麼不講掉了弓，自然會有人揀到，又何必計較是否為楚國人呢？」

「人遺弓，人得之」，這是孔子的理論，應該是對得失最豁達的看法了，但又有多少人能夠達到聖人的境界呢？一般情況下，大多數人得到利益時都會喜不自勝，得意之色溢於言表；而失去利益時則會心情沮喪，憤憤不平之色流露於外。

這種患得患失的心態是不可取的，得到固然令人感到欣喜，但當你得到的時候，渴望就不再是渴望了，於是在得到中失去了期盼；而失去雖然令人感到傷感，但當你失去的時候，擁有就不再是擁有了，於是在失去中得到了懷念。所以，得與失本身就是無法分離的。

一個人考慮得越多，就越容易陷入患得患失的圈套裏。正如一個人創業一樣，剛開始的時候雖然艱難，但下「要創業」這個決定時卻很痛快，因為他不會考慮那麼多問題。

不過，一旦他取得了一些成就，就容易變得猶豫不決、患得患失了，因為他以前白手起家，也就無所謂得與失，現在有了一些基礎，當然會害怕失去這個失去那個，在害怕的同時，又期望什麼都能得到，到最後落個得不償失的結局，叫人如何不痛苦呢？

有這樣一位老太太，不知為什麼，不管是晴天還是陰天她都要痛哭流涕，別人見了都很不理解，就問她原因。她說：「我的兒子是賣雪糕的，一到陰天我就擔心兒子的雪糕賣不出去，於是就傷心地哭個不停；而我的女兒是賣傘的，所以一到晴天我就擔心她的傘賣不出去，也會很悲傷。」

人們聽了都哭笑不得，對她說：「妳怎麼不這樣想：晴天的時候人們都去買妳兒子的雪糕了，陰天的時候人們都去買妳女兒的傘了。這樣不就可以了嗎？」

這位老太太的想法雖然讓人覺得可笑，但現實生活中，像老太太一樣患得患失的人有很多，他們對得與失極其敏感，並且為這些終日煩惱著，長此下去，不僅對實際的狀況毫無幫助，還有損身心的健康。與其擔憂會失去，倒不如讓它失去好了，如果能換來心情輕鬆和愉快，不是更好嗎？

患得患失不可取

在紐約市的中央公園裏，每天下午都會有一輛豪華轎車穿過，車裏除了司機，還坐著一位無人不知、無人不曉的百萬富翁。富翁注意到：在公園的長椅上，每天都坐著一個衣著破爛的人，令他奇怪的是，他每次都在死死地盯著富翁住的旅館。

富翁對此產生了濃厚的興趣，一次他要求司機停下車來並走到那個人的面前，說：「不好意思，我十分好奇你為什麼每天都盯著我住的旅館看。」

「先生，」這個人答道：「我沒錢，也沒家，所以每天只得睡在這張長椅上。

不過，我每天晚上都夢到住進了那間旅館。」

富翁聽了他的話後對他說：「那麼今晚你一定能如願以償，我將為你在旅館租一間最好的房間，並支付一個月的費用。」

誰知第二天，富翁再次穿過公園時，他又看到了那個人坐在公園的長椅上望著他的旅館，富翁十分不解，就問他：「你怎麼又回來了？難道你對我的安排不滿意嗎？」

那個人答道：「不，先生，我十分感謝您為我做的一切。但是當我睡在椅子上夢到睡在旅館裏時，那種滋味妙不可言，一旦我睡在了旅館裏，我就會夢見我又回到了冷冰冰的椅子上，這實在是可怕極了，完全影響了我的睡眠。」

俗話說：「醒著有得有失，睡下有失有得。」這句話用在這個窮人的身上實在是再合適不過了。其實，不管是哪一種生活，都有它的得與失，人生也許是因為有了得失無常才會變得更加美麗。會生活的人失去的多，但得到的更多，如果始終在患得患失的漩渦裏打轉，最後只能白白耗費自己的人生。

智慧品人生

每個人心中都有一座天平，這一端放著「得」，另一端放著「失」，掌握住了平衡，不刻意去追逐擁有，才不會出現患得患失的心態，只有用一顆平常心去看待身邊的萬事萬物，才是智者之舉。

真正能夠不為患得患失所累的人，都是志趣高雅的人，他們有一種「不以物喜，不以己悲」的豪邁，能夠做到不把個人的得失記在心上，面對得失心平氣和。

大家所熟悉的大詩人陶淵明，他在官場摸爬滾打十多年，最終官場的汙濁和骯髒讓他感到厭倦。於是，他毅然決然地辭官還鄉，雖然他失去了功名利祿，失去了錦衣玉食，卻沒有絲毫遺憾和留戀。

「采菊東籬下，悠然見南山。」陶淵明得到了精神上的得意和輕鬆，這是用任何物質的東西都難以取代的。

3・追求「完美」要不得

水至清則無魚，人至察則無徒。——《漢書．東方朔傳》

追求完美，是人類自身在成長過程中的一種心理特點或者說是一種天性，它更是一種積極的生活態度。然而，過於追求完美卻不見得是一件好事。因為人的欲望是無止境的，有了好的工作，又要有好的生活；有了好的生活，又要有好的愛情；有了好的愛情，還要有好的身體。這樣的生活態度不會給人帶來輕鬆，反而會壓力重重。

也許人們正是有了這種不滿足於現狀的心態，才會不斷地追求奮鬥，生活中才多了那麼多的精彩瞬間。但是時間長了，就會形成這樣一種情景：似乎任何一件事情都達不到讓自己滿意的狀態，吃不好，也睡不好，總覺得心裏有個疙瘩，很不舒服。這樣的生活不是很累嗎？

其實，我們在做事情的時候，真的不需要太過於追求完美，因為天底下幾乎沒有什麼事情是可以做到完美無缺的。任何事情都有個度，就像水到了100度就會沸騰，低於0度就結冰一樣，是很自然而然的事情。追求完美也是一樣，如果超過了這個度，那麼反而會離完美越來越遠，所以實在沒有必要刻意地去追求它。

刻意追求完美，完美反而更遠

一個漁夫在一次打魚的時候，撈到了一顆珍貴的珍珠，他很高興。但令人遺憾的是，珍珠上面有一個小小的黑點。漁夫就想：如果能想辦法把這個小黑點去掉的話，那這顆珍珠就會成為無價之寶了，到時候我就發財了。於是，他把珍珠去掉了一層，但是黑點仍然存在，又剝了一層，黑點還是存在。直到最後，黑點消失了，珍珠也不復存在了。

在現實生活中，我們又何嘗不是如此，過分追求完美，最後反而更加不完美，我們所付出的代價，往往就是把「大珍珠」也追求沒了。所以，人的期望不能過高，夠好就行了。浪費太多時間和力氣去追求完美，常常是沒有時間做好任何事情，想要面面俱到，卻是一面也不到。

《管子》說：「斗滿人概，人滿天概。」古人用斗作為量器，一斗的標準是斗要平，如果太滿了，就用一把尺一樣的東西把多餘的部分刮下來，而這用來刮斗的東西就是「概」。這句話的意思是說，斗滿的時候，人會把它概平；而人滿的時候，上天會把他概平。

人是最不容易滿足的動物，不滿足的根源就在於人的貪心太大了，正因為有了貪心，人們才會費盡心機去尋找十全十美的東西。但生活中的缺憾不可避免地存在，如果人人都對缺憾無法釋懷，就一定會造成心理的負擔、障礙乃至疾病。如此得不償失，又何必執著呢？要知道，有時候完美也是一種缺陷，缺陷未必不是另一種完美。

有一個人，他堅信完美的存在，並且聲稱不管自己做任何事情都要力求完美。於是他在寫書的時候，不僅要求內容精彩，還要求字形完美、紙張完美，甚至如果他在寫的過程中出現一絲絲的錯誤，就要立刻換上另一張紙重新再寫。就這樣，他為了寫一篇自己心目中的完美文章，寫了停，停了寫，很多年過去了，他依然在寫寫停停中徘徊。

這個人的迂腐讓人覺得可笑，其實生活中的事情，能夠終結時就讓它終結，如果和事情本身沒有多大的關係，就不要再費心費力地追求了。要是一個人常常對問題的細枝末節甚至一絲一毫都不肯漏掉，後果只會是枝節橫生，甚至給別人也帶來無窮的牽連。

試想一下，聞名世界的維納斯雕像若不是失去了雙臂，她是否還能像現在一樣受到人們的推崇？

追求完美的人，其實是可憐的人

有這樣一個故事：一個男人，傾盡一生在尋找一個完美的女人，以至於到他七十歲的時候，還沒有結婚。於是有人問他：「你尋找了一輩子，也找遍了世界上的每一個地方，難道就連一個完美的女人都沒有遇到嗎？」

這個男人十分傷心地說：「有一次，我碰到了一個完美的女人。」那個人又問：「那你為什麼沒有和她結婚呢？」這個男人很無奈地說：「沒有辦法，她也正在尋找一個完美的男人。」

世界上沒有一個人是完美無缺的，這個世界上也不存在完美無缺的愛情，真正的愛情不只是最初的浪漫情懷，更多的是愛情過後的平淡歲月，是一種浪漫過後的真實生活。

那種生活，就如一條小溪在生命的長河中緩緩流過，波瀾不驚地、淡然地在你的生命長河中蕩滌出一條涓涓細流，時刻滋潤著你的生命。所以，我們不必追求事事都有好的表現，不必一開始就要求自己做到十全十美，保持一顆平常心，才是完美的心境。

在愛情中，我們不要刻意地奢望對方能夠給予我們很多，而是應該想著怎樣為對方付出，更應該對這份愛情心存感激，嘗試著做一個懂得愛與被愛的人。也唯有嘗試了，才會懂得愛情不是完美無缺，有著許許多多的缺點，但也終有一些東西是值得我們欣賞的。愛情，不必過分追求完美，它要的是一種暢快的心情，一種愉悅的感覺，一種超脫的自由，一種淡然的態度。

世界上沒有絕對的完美，現代醫學甚至認為，過分追求完美是一種強迫症，主要特徵是苛求完美。這些人往往對自己要求得過於嚴格，同時又有些墨守成規、謹小慎微，會因為過分地重視事物的細節而忽視全局，優柔寡斷的性格讓他們面臨意外時會不知所措。由於時刻都過度認真和拘謹，因此缺少靈活性，也很少會有自由悠閒的心境，缺乏隨遇而安的瀟灑，從而使自己長期處於緊張和焦慮的狀態。

智慧品人生

其實，不管做任何事情，只要盡自己最大的努力就好。所謂「過猶不及」，當我們為一點點的失誤而重新再來時，往往會錯過身邊更加美麗的風景。

俗話說：「金無足赤，人無完人。」做事情是這樣，對待自己更是這樣。我們不要自尋煩惱，不要作繭自縛，更無須給自己戴上原本可以不存在的精神枷鎖。完美本來就不存在，又何必苦苦追求一些虛無縹緲的東西呢？

4．快樂由自己選擇

我們無法改變這個苦難的世界，但我們也可以快樂地活著。——坎伯

古人認為：境由心生。一個人是否快樂完全取決於他自己的心態，因此每個人都完全有理由讓自己的一生變得更為快樂，只因快樂是自己內心的一種感覺，不是由別人來控制和決定的，它是可以選擇的，不管在什麼時候，我們始終有這個權利。

快樂是一種積極的心態，是一種純主觀的內在意識，是一種心靈的滿足程度。窮人有窮人的快樂，富人有富人的快樂，快樂沒有固定的模式，它只是人們各自對快樂的認知。在快樂的天平上，無論是誰，都是平等的。

快樂掌握在自己手中

其實，快樂是有一個遙控器的。每個人的心中都有這樣一個遙控器，然而只

有真正懂得人生的人，才知道如何運用它。真正懂得快樂為何物的人，並不期待別人帶給他快樂，反而總能把快樂帶給別人。

但大部分的人，卻是把遙控器交給了別人保管，常常抱怨先生不夠體貼的人，把遙控器交到了丈夫的手裏；常常向別人訴說孩子不夠聽話的人，把遙控器交到了孩子手裏；常常認為上司不夠賞識自己的人，把遙控器交到了上司的手裏；常常覺得媳婦不夠孝順的人，又把遙控器塞到了媳婦手裏。這些人都做了一個相同的決定，那就是讓別人來控制他的心情。

當一個人允許別人來控制他的心情時，他便會覺得自己是一個被動的受害者，對現有的狀況無能為力，於是抱怨變成了他們唯一的選擇，並且認定了自己的不快樂都是由別人造成的。這樣的人似乎承認了自己不能掌握命運，只能可憐地任人擺佈。

有人說，其實痛苦和快樂是一對孿生兄弟，最關鍵的是你如何選擇。就好比春天和秋天一樣，如果你認為只有生機勃勃的春天能給你帶來快樂而拒絕了秋天，那麼秋天的到來一定會讓你痛苦不堪，因為我們不能阻止時間老人的腳步。

如果你說服了自己選擇快樂地度過秋天，你會發現，原來秋風瑟瑟、落葉紛紛的秋天也是另一種美麗。你的選擇也許不是最好的，但是一定是你最愛的，一定是令你快樂的，一定是讓你沒有遺憾的！

當然，人不是非要快樂不可，但人為什麼非要讓自己不快樂呢？世界上的許多事本來就無所謂好壞，面對一件事情，你是保持樂觀豁達的心境還是自尋煩惱，全在你的一念之間。選擇自己認為正確的，並且盡最大努力將其實現，那麼，你永遠都是快樂的。

快樂地看待自己的選擇

有四個年輕人，他們很幸運地得到了上帝的垂青。上帝說他們可以搭上一趟能夠實現願望的列車，去選擇自己的將來。「願望列車」一共有四個停靠站，分別是金錢站、親情站、權力站和健康站。他們可以根據自己的願望選擇一個停靠站，經過努力後，在這方面的發展就會特別順利，直到成功，不過其他方面會相應的弱勢一些。

於是，四個人帶著自己的夢想做出了選擇。第一個人在「金錢站」下了車，第二個人在「親情站」下了車，第三個人在「權力站」下了車，最後一個人在「健康站」下了車。三十年過去了，他們四個人不約而同地來找上帝傾訴。

第一個人說：「感謝上帝，我現在非常有錢，可以說富可敵國。可是年輕時為了掙錢，我幾乎透支了青春，身體出現了很多毛病。而且由於常年在外經商，備受冷落的妻子也離我而去，工作的繁忙也讓我疏忽了對兒子的管教，他現在好吃懶做，成了扶不起的阿斗。我覺得很不幸，現在我能否用我的錢把健康和親情買回來？」

第二個人說：「我現在很幸福，有一個和諧美滿的家庭，父母健康長壽，妻子溫柔賢慧，兒女懂事孝順。可是我也有很多煩惱，我沒有過多的錢讓操勞了一輩子的父母過上更好的生活，我的妻子從來沒有享受過戴鑽戒的快樂，兒女的公司也不是很好，而且他們結婚買房子還得貸款。現在，為了讓我的家人更幸福，我能用親情來換回金錢嗎？」

第三個人說：「我現在大權在握，雖然很多人都在我面前說討好我的話，但是我知道在背後他們對我卻是惡語謾罵。我的『啤酒肚』毛病一大堆，遇上別人請吃飯不去還不行，不然會被別人說成是『有點權力就擺譜』。若我堅持原則辦事，親戚會說我六親不認，朋友說我不講義氣；若我徇私舞弊，心裏又覺得不踏實，說不定還有牢獄之災。現在，我多想擁有健康和親情呀！」

最後一個人說：「我身體一直都很健康，從來沒有去過醫院，這一點讓別人非常羨慕。可是我的妻子總是說我不求上進，沒有魄力，像我這樣一輩子也別想過上開高級轎車、住別墅的日子。我非常煩惱，我能不能用我的健康交換金錢和權力呢？」

上帝聽了這四個人的傾訴後，指了指天空中自由自在的小鳥，又指了指在籠中歡快跳躍的小鳥說：「其實人就像小鳥一樣，天空中小鳥的快樂，在於牠選擇了自由，選擇面對生活中的困難；而籠中小鳥的快樂，在於牠選擇了安逸的生活，在於牠的衣食無憂。所以，快樂源於自己的選擇，以及如何看待自己的選擇。」

看完這個故事不禁讓人深思：路，是自己選擇的，也是自己走出來的。可是有很多人就像故事中的四個人一樣，很少人會感覺自己的生活是快樂的。也許上帝說的對，快不快樂在於你如何看待自己的選擇。

選擇是人生的一大難題，沒有人能替你解決這一難題，靠的只有你自己。只要別讓世俗的塵埃蒙蔽了眼睛，只要別讓太多的功利給心靈套上了沉重的枷鎖，你就會發現，快樂其實就在我們身邊的每一個角落，唾手可得。

智慧品人生

沒有人能讓你永遠快樂，只有你自己可以做到！如果你能夠學會在紛繁複雜的事物中尋找快樂，在痛苦煩惱的煎熬中選擇快樂，在悲歡離合中提煉快樂，你就會知道，快樂是無處不在的，它可以讓你從平凡到富有、從沉重到輕鬆、從辛苦到甜美、從煩瑣到簡單。

快樂就像天上飛翔的風箏一樣，雖然它飛得那麼高那麼遠，甚至有時還會跑到你的視線之外，但是線始終都在你的手中，只要你緊緊地抓住它，快樂就會時刻圍繞著你。

快樂是什麼？快樂是一種只有自己才瞭解的心理感受，活得快不快樂實在不應該受到別人的影響。

5・原諒別人，就是善待自己

寬容就像天上的細雨滋潤著大地。它賜福於寬容的人，也賜福於被寬容的人。——莎士比亞

相信大部分的人在生活中都會遇到一些令自己傷心、痛苦甚至憤怒的事情，這些傷害或來自於朋友，或來自於家人，又或來自於同事。許多人經歷這些事情時，都會有或多或少的委屈和不甘，甚至陷入深深地怨恨中不能自拔。那是一種有苦說不出來的痛，是一種久久無法釋懷的苦，是一種無以言表的悲哀，是一種欲說還休的無奈。

人非聖賢，孰能無過？人總是會犯錯的，相信犯錯的人心裏也有很多的自責和懊惱，倘若我們能夠原諒他們，既減輕了別人的負擔，也化解了自己的心理壓力，能利人利己，豈不是兩全其美嗎？

而且當有一天我們也犯了錯誤的時候，同樣也能得到別人的原諒。如果我們固執地守著怨恨心理，那無異於作繭自縛，永遠都看不到明媚的陽光，找不到快樂的天地。所以說，唯一能夠解決問題的辦法就是原諒別人。

有人說過，一個人活得快樂，不是因為他擁有的多，而是因為他計較的少。但是，很多事情都是說起來容易做起來難。原諒，就是一件很難的事情。有時雖然嘴裏說著原諒，可內心未必真正地原諒了。因為原諒不是一件東西，只要你想要就能拿過來，真正的原諒是需要學習的。

有一種勇敢，叫做原諒

我們不肯原諒別人所犯的錯誤，說到底其實還是不能說服自己，還是因為自己放不下。也許朋友一句無心的話深深地傷害了你，也許父母出於愛的責罵深深刺痛了你，如果你不能夠原諒他們，那麼這將會成為你心中永遠的陰影。所以說，學會原諒別人，對自己來說也是一種解脫。

真正的原諒需要博大的胸襟，從心裏去讓別人感受那份寬恕，偉大的發明家愛迪生就有著寬大的胸懷。

在發明電燈泡的過程中，愛迪生實驗了無數次，也失敗了無數次，甚至受傷了無數次，其中的艱難困苦、酸甜苦辣只有他自己才知道，但是他從來都沒有放棄過。

有一次，他和他的助手又一頭扎進實驗室裏，埋頭苦幹了一天一夜，令他無比興奮的是，他們成功了！世界上第一個電燈泡產生了！

這個異常珍貴的成果讓他們欣喜若狂，愛迪生叫來一個年輕的學徒，讓他把這個電燈泡拿到樓上好好地保存起來。誰知，這個學徒因為知道這個電燈泡來之不易，因此心裏異常緊張，結果在上樓的時候不住地哆嗦，一下子摔倒了，電燈泡也摔得粉碎。

愛迪生感到非常惋惜，但他並沒有責備這個學徒。幾天後，經過他和助手的努力，又一個電燈泡製作成功了。這次愛迪生想也沒想，仍然叫來那個學徒，讓他送到樓上。這一次，這個學徒安全地把電燈泡拿到了樓上。

事後，他的助手埋怨他說：「原諒他也就夠了，為什麼還把電燈泡交給他呢？萬一又出事怎麼辦？」

愛迪生回答說：「真正的原諒不是光靠嘴巴說的，而是要靠做的。孩子，你仔細想一想，真正的原諒到底是什麼？」

愛迪生寬大的胸懷讓人們不禁對他敬佩有加。是啊，真正的原諒要靠我們的行動來表達。試想，如果他對學徒無心的過失耿耿於懷，那他以後所有的發明成功時，恐怕都要小心翼翼了，甚至有可能不相信任何人，做什麼事都得自己親自出馬，這樣豈不是很累嗎？

所以說，原諒，是一種包容，是一份愛心，更是一種風度。人和人之間難免有碰撞有摩擦有矛盾，也許對方根本就是無意的，也許對方有難言之隱，不妨試著給別人一次機會，也許自己也會有意想不到的收穫。因為原諒遠遠比報復要好得多！

有一種原諒，讓人感動

人生在世，傷害在所難免，這是任誰都無法改變的事實。當然，我們會因為受傷而感到憤怒是無可厚非的，我們無法原諒傷害的始作俑者也是可以理解的，但是不原諒也是一把雙刃劍，會傷人也會傷己。

如果一直都不能原諒一個人或一件事，那麼內心的傷口是永遠無法癒合的。所以，我們不妨拋開心中的怨、恨、不滿以及不甘，不要讓那些令人窒息的情緒壓迫我們的心靈，它們會像烏雲一樣層層地遮住燦爛的陽光，讓我們看不到美好。

在佛學中，原諒別人更是一些得道高人畢生的追求。《金剛經》中記載著這樣一個故事：有一日，忍辱仙人在林間打坐，恰巧碰到以殘暴聞名的歌利王率領許多宮女在遊山玩水，趁著國王休息之時，美麗的宮女們結伴遊林，無意間來到了仙人的面前。

以法為重的忍辱仙人，便趁機為這群宮女施展斷除貪欲之法。正在施法之時，歌利王突然持劍而來，不分青紅皂白便怒氣衝衝地斥責仙人：「你好大的膽子！竟然以幻術誘惑我的宮女！該當何罪？」

忍辱仙人不但沒有生氣，反而平心靜氣地接受暴君的無理取鬧，甚至當歌利王用劍刺傷他時，他心中還存著慈悲之心，並且主動發願：「但願我來世得道時，能先度大王。」由於仙人心存寬容，他最後恢復了完好的身形。忍辱仙人用慈悲之心原諒了誤會他的歌利王，將彼此的惡緣化為菩提善緣。

忍辱仙人的大度令他在人們心目中的形象頓時高大了起來，雖然只是一個寓言故事，可現實生活中不是也常有這樣的事情發生嗎？有人說，原諒是一種生存的智慧、生活的藝術，是看透了社會人生以後所獲得的那份從容、自信和超然。

原諒別人，也就是善待自己，走出困苦不堪的心靈，你會發現處處有怡人風光，處處有鳥語花香，另一個迥然不同的世界在等著你精彩的「演出」！讓我們都學會原諒吧，因為我們彼此都需要原諒。原諒，是最高貴的美德！

智慧品人生

每個人一生下來就會哭、會笑、會生氣、會發怒，可是沒有人生下來就會原諒。那些脾氣好的人，也許是不容易生氣的，也許是不願意大動干戈的，但未必懂得原諒；那些脾氣暴躁的人，氣來得快走得也快，但只能說他們比較容易遺忘，絕非懂得了原諒。原諒是一門學問，值得所有人去學習。

生命，其實很短暫，只有匆匆數十年；生命，其實很脆弱，很多人和事我們都無法把握。過去了的光陰似箭，未來的歲月不可預知。這個世界還有太多的事情等著我們去做，與其把時間浪費在記恨和算計上，讓別人痛苦自己也不好受，不如把時間用來好好地享受生命，享受快樂，享受愛……放下吧，拋開吧，原諒那些曾經令你生氣和憤怒的人，讓所有的傷害都隨風而去吧。

6．會「忍」才會有「成」

忍耐是一帖利於所有痛苦的膏藥。——賽凡提斯

在社會上行走，其實「忍」字很重要，因為誰都不可能在任何時間和地點都事事如意、一帆風順，總有些事情是沒有辦法解決的，所以只能選擇忍耐。

「忍耐」是一個人品性的養成，更是一個人克己的功夫，忍耐可以發揮出令人意想不到的神奇功效。大凡成大業的人，必都有非凡的忍耐力，否則遇事便不能鎮靜、沉著應付。而那些一受到「刺激」便無法忍耐的人，是不會有所成就的。

現實中為什麼有那麼多的人失敗了，不是因為他們缺少知識和才能，而是他們中途放棄了，其實成功已經很近了，只不過他們的耐性差了一點點，於是便與成功擦肩而過，錯過了一次，可能就是錯過了一生。

命運對於每個人來說常常是一種折磨，當我們身陷逆境，一時又無力扭轉面

臨的頹勢時，我們只能在忍耐中等待命運的轉機。說得直接一點，其實忍耐就是要我們學會不做蠢事，不做那些一時痛快，過後又懊悔終身的事情。

忍耐可以鍛煉人的意志，更能夠反映出一個人的修養。忍耐並不是說明一個人軟弱可欺，相反，它恰恰是強者的象徵。

生活需要忍耐

不懂得忍耐只會讓你因小失大，懂得忍耐的人會明白，多一份忍耐，世界會變得更加綺麗，多一份忍耐，生命會變得更有意義。那麼，為什麼要逞一時之強，讓別人也讓自己都陷入困境呢？要相信烏雲總是遮不住太陽的，是金子放在任何地方都會發光，忍耐總是與成功相依相伴的，跨過這一步，你就可踏進成功的領域。

在美國的阿拉斯加流傳著這樣一個故事：有一對年輕人結為了夫妻，婚後的生活一直很甜蜜。但不幸的是，年輕人的太太在分娩的時候因難產死了，只給他留下一個孩子，還有無限的傷心。

因為沒有人幫他看孩子，年輕人一邊工作，一邊還要照顧家裏。這樣常常是兩邊無法兼顧，手忙手亂。於是，他就訓練了一隻狗，這隻狗聰明伶俐，牠學會了如何拿奶瓶給孩子餵奶，不久便能熟練地照顧孩子，於是年輕人便放心多了。

有一天，年輕人出門去了，就把狗叫來看孩子。由於天降大雪，年輕人被困在外面，第二天才趕回家。狗聞聲立即出來迎接他。他把房門打開一看，嚇了一跳，屋裏到處都是血，床上也是血，孩子不見了，而狗的嘴裏也全是血。

年輕人見狀，以為狗獸性大發，把孩子吃掉了。狂怒之下，拿起刀向著狗頭劈了下去，狗立即就斷了氣。忽然，他聽到孩子的聲音，又看見他從床底下爬了出來，他連忙抱起孩子，雖然孩子身上有血，但並沒有受傷。

他很納悶，不知道怎麼回事，再回頭一看，門後躺著一隻已經死去的狼。他這才明白了，原來是狗救了孩子，但是卻被他誤殺了，年輕人懊悔不已……

看完這個故事，不少人都為那隻可憐的狗鳴不平，做了好事居然落得這樣一個下場，真是不值。是啊，如果年輕人能夠再忍耐一會兒，或許結果就不會是這個樣子。但大錯已經鑄成，無論他再怎麼懊悔，也換不回忠實的狗的性命了。

誤會的殺傷力是無窮的，一個小小的誤會，可能會讓我們失去一個朋友甚至一個親人，只有忍耐才能避免這些悲劇的發生。

忍耐成就大業

人生的路途中，總有磕磕絆絆、風風雨雨，為了輝煌的事業，為了遠大的理想，我們更需要忍耐。也許我們只有一腔熱血、一份豪情，也許我們會躊躇在黎明前的黑暗中長時間見不到曙光，但只要我們堅持在忍耐中奮鬥，在忍耐中堅強，在忍耐中成長，相信總有那麼一天，我們會邁向成功。

有一個剛剛畢業的大學生，到一個海上油田鑽井隊工作。上班的第一天，領班要求他在規定的時間內，把一個包裝很漂亮的盒子拿給在井架頂層的主管。年輕人抱著盒子，快步登上通往井架頂層的舷梯。當他氣喘吁吁、滿頭大汗地登上頂層，把盒子交給主管時，主管只是在盒子上面簽個名，又讓他送回去。

於是，他又快速走下舷梯，把盒子交給領班，令他生氣的是，領班也只是在盒子上簽上自己的名字，又讓他再次送給主管。年輕人看了看領班，猶豫了片刻，不過還是照做了。

當他第二次到達主管身邊時，他兩腿已經發軟了，並且抖得厲害。誰知道主管還是和上次一樣，只簽了一下自己的名字，又讓他把盒子送下去。年輕人強壓心中的怒火，轉身走下舷梯，把盒子送了下來。

可是領班還是和上次一樣，簽了名，又叫他把盒子送上去。年輕人幾乎要發作了，不過還是忍了下來。他又一次步履艱難地爬上舷梯，第三次來到了主管的面前。

主管看著他不慌不忙地說：「把盒子打開。」年輕人撕開外面的包裝紙，打開了盒子——裏面有兩個玻璃罐：一罐是咖啡，一罐是奶精。年輕人終於無法克制心頭的怒火，把憤怒的目光射向主管。

主管又對他說：「去沖杯咖啡過來。」此時，年輕人再也無法忍耐了，他「啪」的一聲把盒子扔在地上，說：「我不幹了！」

主管站起身來，對他說：「你可以走了。本來你只要再忍一下，就可以喝到你沖的咖啡了。剛才讓你做的這些叫做『承受極限訓練』，在海上作業隨時都會有危險，所以隊員必須要有超強的忍耐力。很可惜，前面三次你都通過了，只差最後一點點。現在，你可以走了。」

年輕人無語……

年輕人失去了一份好工作，不禁讓人替他感到惋惜。其實任何事都是這樣，固然，忍耐壓抑了人性，忍耐讓人感到痛苦不堪。但是，成功也常常是在你忍耐了常人所無法承受的痛苦後，才突然出現的。

一個具有忍耐力的人，只有在「山窮水盡」的時候，才更能顯出他的與眾不同，所以不要抱怨造化弄人，因為這一切無情的遭遇和刁難，無一不是刺激你發憤圖強的因素和機會。

所以說，成功是許多忍耐的總和，忍耐是成功的必備要素。動不動就發脾氣的人，雖然可以解除一時的心理壓力，但從長遠的角度來看，這無疑是自斷前程，唯有「忍」可以戰勝一切。

智慧品人生

常言道：「忍得一時之氣，免得百日之憂。」人不是一個獨立的個體，每個人都需要和別人打交道，人生的幸福是要和其他人通力合作才能獲得的。因此，每個人都必須學會與大家和諧相處。

然而，只要有人群的地方就會有矛盾，如果人人都不會忍耐，那這個世界豈不是要亂成一團了嗎？如果你能和每一個人「化衝突於無聲」，自然會受到大家的尊敬，無往而不利。

當然，忍耐也不是一味地逆來順受、陽奉陰違，它更不同於猶豫不決、趨炎附勢，它只是能夠讓我們在惡劣的環境下求生存的一種方式。所以，我們忍耐，是因為我們相信明天的陽光會更加燦爛；我們忍耐，是因為我們心中充滿愛。

7・敢於冒險，抓住機遇

當危險逼近時，善於抓住時機迎頭痛擊它，要比猶豫躲閃它更有利，因為猶豫的結果恰恰是錯過了克服它的機會。——培根

冒險精神，始終都是人類社會進步的最重要的動力。福特汽車總裁菲利浦曾經這樣說：「假如人人都缺乏冒險精神，那麼今天就沒有了電源、鐳射光束、飛機、人造衛星，也沒有了盤尼西林和汽車，成千上萬個成果將不可能存在，我們人類必將面臨重重的危機。」

是的，人類歷史的發展是伴隨著一個個冒險事件而創造的奇跡。發現美洲新大陸，是哥倫布海上冒險的結果；原子彈爆炸的成功，是眾多科學家冒著生命危險實驗的結果；美國毒蛇專家海斯德為了發明一種抗體，曾在自己的身上注射了二十八種蛇毒，每一次注射，他都經受一次生與死的考驗。正是他這種敢於冒險的勇氣，讓他攻克了科學的堡壘，為醫學史甚至是整個人類史都做出

了突出的貢獻。

冒險精神不僅表現為一種頑強的意志，更是一種善於把握機會的高超能力。縱觀古今中外無數的成功之人，他們之所以能有所成就，不是因為機遇青睞他們，而是因為他們敢於冒險、善於抓住機遇。他們敢於打破常規，敢嘗試別人不敢嘗試的事，所以他們提早一步抓住了機遇，這正是他們的聰明之處。

但是他們也深知，冒險肯定會有風險，但風險的背後通常暗藏著機遇，風險越大，收益也會越大。俗話說得好：「捨不得孩子套不住狼。」如果做什麼事情都要跟在別人的後面，從不敢冒一次險，這樣的人又怎麼會成功呢？

冒險意味著風險

要想取得成功，除了要具有冒險精神，人們還應該善於抓住機遇。因為世界上沒有平坦的成功之路，機遇不會常常光顧我們，它如同鳳毛麟角，稀罕至極。如果此時我們慢別人半拍，就只能眼睜睜地看著別人勝利了。只有能緊緊地抓住機遇的人，才能讓自己的人生不留遺憾。

翻開人類奮鬥的史冊，我們可以看到，有的人因為與機遇擦肩而過，便只能在「山重水複疑無路」中徘徊，甚至因此抱憾終生；有的人卻因為抓住了機遇而「柳暗花明又一村」，摘取到了成功的桂冠。

十九世紀中期，美國西部悄然興起了一股淘金熱潮，成千上萬個懷著發財夢的人，湧向那裏去尋找金礦，幻想能一夜暴富。其中一個叫瓦浮基的十來歲窮孩子，也準備去碰碰運氣。

歷經艱難險阻，他們到了一個叫做奧絲丁的地方。這兒的確有很多金礦，但是氣候卻十分乾燥，水源奇缺。讓那些挖金礦的人最痛苦的便是，拼死累活地挖了一天，卻連一口哪怕只是潤潤嘴唇的水也沒有，抱怨缺水的聲音到處都是，甚至有許多人願意用一塊金幣換一壺涼水！

這些人的滿腹牢騷，給聰明的瓦浮基提供了一個十分有用的資訊。他想，如果賣水給這些找金礦的人喝，或許會比找金子更容易賺錢。他只是一個身單力薄的孩子，幹活兒肯定比不過別人，他已經來了好多天，卻還是一無所獲，如果能夠挖井找水，情況就會大有不同了。

瓦浮基說做就做，他買來鐵鍬，開始挖井找水，然後把涼水過濾，將其變成了清涼可口的飲用水，再賣給那些需要水的找金礦的人。他在短短的時間裏，就賺到了一筆數目可觀的錢。再後來，經過他不斷地努力和打拚，成了美國小有名氣的企業家。

一個年僅十幾歲的小男孩，長途跋涉跟著別人去挖金礦，用弱小的身軀來戰勝惡劣的環境，這些對於他來說無疑是一次冒險。可是他卻用自己獨到的眼光發現了財富。恐怕誰也沒有料到，那些不分日夜、辛苦找金礦想要發財的人自己沒能如願，卻「聯手」共同造就了一個百萬富翁。

當然，冒險並不是像賭徒那樣孤注一擲，也不是不顧一切地「蠻幹」。發明「三極管」的德福里斯特就是一個失敗的例子，他早期想把他的發明應用於商業，但是由於他對商業不敏感，幾次錯失良機，最後幾乎將本錢賠光，令別人對他的投資都十分失望。

其實，每個人在一生中都有成功的機會，但大多數人沒有成功，不是因為他們沒有能力、沒有理想，更不是因為他們不願意付出代價，而是缺乏一個重要的因素——抓住機遇的能力。

風險中藏著機遇

「敢於冒險，抓住機遇。」這句話在商場上更能體現出它的價值。商業活動中總是有很大的隨機性，隨時都可能出現意外情況，變幻莫測令人難以捉摸。但是成功又是每個人都非常嚮往的，在種種不確定的環境下，冒險便是在所難免的了。

南宋時期，有一天，杭州城最為繁華的街市失了火，藉著風力火勢迅速蔓延，頃刻間，數以千計的房屋陷入了一片火海中，所有的店鋪都化為了灰燼。有一個姓裴的富商，他苦心經營了大半生的幾家當鋪和珠寶店也不幸成了犧牲品。大火越燒越旺，很多人都拚命地命令自己的夥計衝進火海搶救財物，但他並沒有這樣做，而是不慌不忙地指揮他們迅速撤離。

他那一副聽天由命的神態，令其他商人大惑不解。之後，這位富商又不動聲色地派人低價購買了一大批木材、毛竹、磚瓦、石灰等建築用材，還處於悲痛中的人們根本不理解他究竟想做什麼。

最後，大火終於被撲滅了，可是杭州城卻已經被燒得面目全非，一片狼藉。沒過多久，朝廷下令：重新修建杭州城，且凡銷售建築材料者一律免稅。一時間，杭州城大興土木，建築材料供不應求，價格飛漲。這位姓裴的富商便趁機拋售先前低價購買的建築材料，獲利巨大，遠遠超過了其在火災中遭受的損失。

生活中，總有一些人哀歎命運不公，抱怨為什麼別人遇到的都是明媚的陽光、和煦的春風，而自己碰到的都是冰天雪地、寒霜冷雨，事實上果真如此嗎？比爾・蓋茲上大一的時候從哈佛大學退學，這難道不是一種冒險嗎？但是他抓住了加盟 IBM 公司這個機遇，現在他已經是世界首富。拿破崙的軍事生涯中不是也處處充滿了冒險嗎？但是他抓住了一次鎮壓政變的機遇，一舉成名，直到後來一路凱歌做了法蘭西共和國的皇帝。

其實，上帝是公平的，他給了每個人同等的機遇，而成敗與否的關鍵在於自己能否抓住機會。

智慧品人生

試問，有哪個人願意一生庸庸碌碌，甘心默默無聞的了此一生？又有哪個人不盼望自己過得轟轟烈烈、春風得意、功成名就？但機遇是可遇而不可求的，它常常會不知不覺地出現，如果你掉以輕心，它又會不知不覺地溜走，等到發現的時候已經為時已晚了。

有這樣一句話：「冒大險賺大錢，冒小險賺小錢，不冒險不賺錢。」還有一句話說：「人生的得失，關鍵在於機遇的得失。」可見，冒險和機遇之間有著千絲萬縷的聯繫，快跑的未必能贏，力戰的未必得勝。只要你敢於冒險，善於抓住機遇，即使你的智商、情商和財商都一般，也照樣會有出路！因為敢於冒險的人在關鍵時刻總是能果斷出擊，先行一步，因而比別人更容易抓住機遇，更早獲得成功！

第六章

感悟捨得，品味人生

生命短暫，可又是如此地多姿多采，能捨自己不願捨之物，可得自己想得而得不到之物，這就是我們在捨得之間所要走的人生路！

1・贈人玫瑰，手有餘香

只為家庭活著，這是禽獸的私心；只為一個人活著，這是卑鄙；只為自己活著，這是恥辱。——奧斯特洛夫斯基

社會上的每一個人，都不可能孤立地存在，每個人都和周圍的人有著千絲萬縷的聯繫，那麼，這個人所做的事必然會對其他人有或多或少的影響，其結果又反過來影響到自己。

有人把社會比作一張大網，把人比作這網上的一隻小蜘蛛，不管這張網你是否喜歡，你都必須接受它，因為它是我們生存的基礎。所以，一個人若想在世界上活得開心，就必須廣結人緣，給人以方便，做事情的時候不能光考慮自己而忽略了別人，你愛別人，別人才有可能愛你。「贈人玫瑰，手有餘香」，蘊含的就是這個道理。

每個人都需要在被讚美、被關懷和被愛中建立他們的自信心、成就感和滿足

感，當你對他人送去一份關懷、一份尊重、一份讚美時，必定能收到別人對我們更大的回報，同時我們也收穫了心情的平靜與愉悅。

助人即是助己

當我們拿起鮮花贈送給別人時，最先聞到芬芳的是我們自己，當我們抓起泥巴企圖拋向別人時，弄髒的必然先是自己的手。所以說，善待別人就是善待自己，就好比為他人身上灑香水，自己也能沾上些許香氣。一句溫暖的話，一個友好的舉動，都能深深地溫暖別人的心扉。在關鍵的時候，你伸出了助人之手，那麼，當你自己身處險境時，肯定也不會孤軍奮戰。

這是一個真實的故事：十九世紀九〇年代初，有一天，一個名叫弗萊明的貧窮的蘇格蘭農夫正在田地裏耕作。忽然，他聽到了附近的沼澤地裏傳來一陣呼救聲，他連忙丟下手中的活兒跑過去。

到了那兒，他看見一個小男孩陷在黑色的泥潭裏，由於太過於驚恐，小男孩不斷地尖叫和掙扎，結果身體越陷越深。在這個關鍵時刻，弗萊明伸出了援助之手，沉著勇敢地將這個小男孩從死亡的邊緣拉了回來。

第二天，一個衣著華貴、氣度不凡的貴族人士來到了弗萊明的家裏，原來他就是那個小男孩的父親，他帶著重金來酬謝弗萊明對他兒子的救命之恩，但被弗萊明委婉地拒絕了。

此時，農夫的兒子從簡陋的農舍跑了出來。於是，在貴族人士的一再堅持下，弗萊明終於同意由貴族人士資助他的兒子上學，貴族人士希望農夫的兒子能成為像他的父親一樣勇敢和善良，讓所有的人都為之驕傲的人。

農夫的兒子沒有讓人失望，他進了最好的學校讀書，最後畢業於倫敦聖瑪麗醫學院，後來因為發明盤尼西林而享譽世界，他就是大名鼎鼎的亞歷山大・弗萊明爵士。

許多年以後，貴族人士的兒子在二戰期間患上了肺炎，而再一次拯救他的生命的就是盤尼西林，很多人都會認為這是一個巧合，是上帝的安排。難道這只是一個簡單的巧合嗎？這個貴族人士是藍道夫・邱吉爾勳爵，而他的兒子則是盡人皆知的英國前首相——溫斯頓・邱吉爾。

「贈人玫瑰，手有餘香」，「滴水之恩，當湧泉相報」，雖然大發善心只在人的一念之間，但善心所結下的善果，卻會永久地芬芳馥郁，香澤萬里。

付出才有收穫

人生在世，既是短暫的，又是漫長的。要想過得快樂，過得幸福，就必須要有「贈人玫瑰」的愛心，心存善意。愛是一種強大的力量，無論行為多麼渺小，當你毫不吝嗇地贈與別人後，就一定能吐露芬芳，綻放美麗，自己也會越發的強大起來，因為我們所收到的回報遠遠大於我們的付出。

在炮火連天的戰爭年代，有一支部隊奉上級的命令去攻占敵人的堡壘。槍林彈雨中，一位連長在地上匍匐前進時，驚見一顆手榴彈正好落在一個小士兵的身邊，而小士兵卻毫無察覺。

在這千鈞一髮之時，連長不顧一切地衝了過去，一下子伏在小士兵的身上，用自己的身體掩護這個年輕的生命。「轟隆」一聲巨響過後，他抬起了頭，而這一抬頭卻讓他驚出了一身冷汗。

因為就在他起身後的那一瞬間，一顆炮彈落在了他剛剛匍匐過的位置上，把那裏炸出一個巨大的彈坑。而小士兵身邊的手榴彈，敵人在扔出來的時候根本沒有拔掉保險插銷。

試想，如果連長顧及自己的生命而不去救小士兵，那麼他的生命早就不存在了。在生活中，我們很容易有幫助別人的機會，那麼，就不要錯過更不能吝嗇，用你無私的心靈和熱忱的雙手去幫助別人吧。

「贈」不會讓我們損失什麼，卻會為我們贏得靈魂的安泰和心靈的淨化。

孟子說過：「君子莫大乎與人為善。」在追求成功的過程中，誰都離不開與別人的合作，尤其是在現代社會，就更應該想方設法獲得周圍人的支持與幫助。那些總是主動幫助別人的人，就是最容易獲得成功的人，因為他們最容易獲得別人的回報。相反，如果你對別人的煩惱和不幸冷眼旁觀，甚至落井下石，那是不可能得到別人的幫助的。

智慧品人生

「贈人玫瑰，手有餘香」只有充滿了愛的世界才會洋溢著陽光。如果我們每個人都能夠隨時隨地奉獻我們的愛心，如果我們都能把自己的快樂毫無保留地傳遞給他人，如果我們都能用一顆真摯善良的心，為全世界的人類祝福和祈禱，那麼，不僅這個世界因為我們的存在而變得更加美好，我們自己也能擁有一份意想不到的收穫和回報，生活也會因此而變得更加精彩、絢麗和燦爛。

2・執著，不是固執的代名詞

執著追求並從中得到最大快樂的人，才是成功者。——梭羅

有很多人認為，執著就是固執，而實際上，執著並不等同於固執。執著的人是理性的，他們往往注重遠大的目標，並且會為了這個目標不斷地努力和奮鬥，

一方面冷靜處事，隨時準備接受別人的正確意見，調整自己的行動方向，另一面又會披荊斬棘勇往直前，不管遇到多大的困難，都堅信自己可以憑藉智慧和毅力，開創出一條平坦的大道來，有一種不達目的誓不甘休的氣勢。

相反，固執的人更像是在賭氣，他們的頭腦一直處於發熱的狀態，喜歡在前進的道路上節外生枝，惹是生非，倚老賣老，自以為是，對於別人的意見，不管對錯他都置若罔聞，其結果必然是在前進的途中夭折。

「執著」兩字說起來很容易，實行起來卻很難，因為它的尺度太難把握，人們很容易就會陷入極端，或因自身惰性不夠執著，或因過於執著而變成了固執。

執著與固執最大的不同點在於，執著的人學會了取捨。他們不會苦苦守著一條路，比如這條路實在不能走向成功，那他會很快地換一條路，換一個走法，因為他們知道死守的結果不僅最後一無所獲，還會把自己撞得頭破血流。

執著，改變人生的良藥

精衛填海，愚公移山，大禹治水，他們的執著令人感動；勾踐臥薪嚐膽，祖遨聞雞起舞，楊時程門立雪，他們的執著令人佩服，他們的名字永遠留在人們的心中。咬定青山不放鬆，百折千磨志不改，不到長城非好漢，這些執著的詩句千百年來激勵著無數有志之士到達成功的彼岸。

執著能夠讓許多聽起來不可思議的事情變成現實，使很多不利條件變為有利條件。現在深受小朋友所喜愛的米老鼠，這一可愛形象的創造者名叫沃爾特·迪士尼，是美國最有名的人物之一。可是人們只知道他人前的光輝，卻很少人知道他在成名之前歷經的辛酸與執著。

年輕時的沃爾特·迪士尼曾在美國的坎薩斯城謀生，他的理想是要成為一個藝術家，於是他便到報社去應徵，可是該報社的主編審查過他的作品後，認為他的作品缺乏創新，沒有吸引力，所以沒有錄用他，這讓他覺得十分失望。

後來，他找到了一份為教堂畫畫的工作，可是由於薪水太低，他根本租不起畫室，不得不將父親的車庫作為自己的辦公室。一開始，條件的艱苦讓他一度想要放棄，但想想自己藝術家的夢想，他一次又一次地堅持了下來。

有一次，他在車庫裏工作的時候，看見了一隻小老鼠，他餵給牠一些麵包屑，小老鼠還大膽地跳上他的油畫。日子長了，他和小老鼠成了很好的「朋友」。再後來，他去了好萊塢，投資攝製了一部以動物為主角的卡通片，但最終失敗了，並因此成了窮光蛋，再度失業。

在那段窮困潦倒的日子裏，他想到了那隻可愛的小老鼠，於是就在畫板上畫了下來，就這樣，米老鼠的卡通形象誕生了。有誰能想到一隻小老鼠能啟發他的靈感呢？現在，米老鼠的卡通形象流傳到了世界各地，此後迪士尼火力全開，為卡通事業做出了突出的貢獻。

正是因為迪士尼對藝術事業的熱愛與執著，才成就了他輝煌的一生，如果當初他因種種的失敗而放棄，那麼也許他永遠都只是一個名不見經傳的畫匠。

一個人擁有了執著的精神，那麼在他的眼裏，平凡的小草也可以葳蕤成無邊的春色，無名的小河可以匯成汪洋大海。因為執著者的心裏總是灑滿金色的陽光，他們的眼裏總是充滿希望。執著，為他們點燃了一盞燈，使他們在無邊的暗夜中依然可以尋覓到路徑；執著，為他們撐起了一把傘，哪怕暴風雨襲來也無法熄滅心中的烈焰。

固執，摧毀信念的毒品

執著，它代表了一種永不放棄的精神，更是一種不服輸的精神，值得每個人去學習、去尊重。但是，執著一旦過了頭，比如明知不可能還要死死堅持，那就演變成了固執。只不過我們不會輕易地意識到固執的存在，還把這種自以為是地堅持當成了一種執著。

人生畢竟有很多讓人無可奈何的事，不是每個人都會成為安徒生童話中的白馬王子和白雪公主，我們可以做童話中的夢，但我們必須面對現實，對於無法實現的人生理想，該放手的時候一定要放手。因為一旦執著變成固執，便會將整個人生都賠了進去。所以，不要讓固執禁錮了你的腳步，與其把時間都浪費在做無用功上，不如多做點有意義的事。

有這樣一則寓言故事：在一個小村莊裏，有一次下了一場大雨，這場雨持續了幾天幾夜，洪水開始淹沒小村莊，於是全村的人都開始逃命。此時，一個神父在教堂裏祈禱上帝來救他，眼看洪水就要淹到他的膝蓋了，可他還是不肯走。一個救生員駕著舢板來到了教堂，對神父說：「神父，趕快上來吧！再不走就來不及了，洪水會把你淹死的！」神父說：「不！我相信上帝會來救我的，你不要管我，先去救別人好了。」

一會兒的工夫，洪水已經淹到神父的胸口了，他只好站到祭壇上。這時，又有一個員警開著快艇過來了，對神父說：「神父，趕快上來，不然你真的會被淹死的！」誰知神父還是堅持說：「不，我一定要守住我的教堂，我深信上帝一定會來救我的，你還是先去救別人好了。」

又過了一會兒，可怕的洪水幾乎淹沒了整個教堂，神父只好緊緊地抓住掛在教堂頂端的十字架。此時，一架直升機緩緩地飛了過來，飛行員丟下繩梯對神父大叫道：「神父，快點爬上來，這是最後的機會了，我們可不想看見你被洪水淹死！」可是神父還是意志堅定地說：「不，你還是先去救別人吧，我堅信上帝不會讓我死的，他會來救我的，上帝會與我同在的！」最後，固執的神父被淹死了……

神父的靈魂飛上了天堂，他見到了上帝，很生氣地問祂：「主啊，我這一生都在忠誠地奉獻自己，戰戰兢兢的侍奉您，為什麼您卻不肯救我？」

上帝說道：「我怎麼會不肯救你？第一次，我派了舢板去救你，可是你不要，我還以為你擔心舢板有危險。第二次，我又派了快艇去救你，可你還是不要，我又以為你看不上快艇。第三次，我給了你國賓的待遇，派了一架直升機去救你，結果你還是不要。所以，我以為你急著要來到我身邊，想要好好陪我呢！」

神父的做法讓人看了以後覺得可笑，又替他覺得可悲。其實，有的時候，是因為我們太過於堅守自己的固執，才會給自己設置了很多障礙，要知道，在別人伸出援手之際，我們自己也要伸出手來，人家才能幫上忙。

固執是一種不良的個性習慣，這種性格的人與人說話常常抬槓，想問題非常偏激且愛鑽牛角尖，不懂得顧及別人的思想情趣和習慣愛好，一味地我行我素。

這種人認定了的事情，你就是用十匹馬都拉不回來，這註定了他們是要碰壁吃苦頭的。可是他們即使碰了壁，也不肯主動承認自己的錯誤，也不知道悔過改進，相反，總是為自己的錯誤找一大堆開脫的理由。

智慧品人生

固守無聲無形的榮譽和利益是固執，堅持與生俱來的權利和義務是執著；固守陳舊不堪的觀念是固執，堅持崇高正直的人格和尊嚴是執著；固守一成不變的結果是固執，堅持樂趣無窮的過程是執著；固守已經失去的感情是固執，堅持肩負的責任是執著；一意孤行，沿著錯誤的方向不撞南牆不回頭的是固執，認準了準確的道路奮勇前進，不達目標不鬆懈的是執著……有時天堂和地獄僅一步之遙，而執著和固執又何嘗不是如此？

執著的人往往是最後的成功者，因其堅持的品格而成功，而固執則是可悲的失敗者，同樣也是因其堅持的品格而失敗。所以，大事要執著，小事別固執。生活中少一些固執，就會多一點隨和，多一點豐富多彩，多一些執著，就會多一些克服戰勝困難的信念和勇氣，多一些成功的機遇。

大都會文化圖書目錄

●度小月系列

路邊攤賺大錢【搶錢篇】	280 元	路邊攤賺大錢 2【奇蹟篇】	280 元
路邊攤賺大錢 3【致富篇】	280 元	路邊攤賺大錢 4【飾品配件篇】	280 元
路邊攤賺大錢 5【清涼美食篇】	280 元	路邊攤賺大錢 6【異國美食篇】	280 元
路邊攤賺大錢 7【元氣早餐篇】	280 元	路邊攤賺大錢 8【養生進補篇】	280 元
路邊攤賺大錢 9【加盟篇】	280 元	路邊攤賺大錢 10【中部搶錢篇】	280 元
路邊攤賺大錢 11【賺翻篇】	280 元	路邊攤賺大錢 12【大排長龍篇】	280 元
路邊攤賺大錢 13【人氣推薦篇】	280 元	路邊攤賺大錢 14【精華篇】	280 元

● DIY 系列

路邊攤美食 DIY	220 元	嚴選台灣小吃 DIY	220 元
路邊攤超人氣小吃 DIY	220 元	路邊攤紅不讓美食 DIY	220 元
路邊攤流行冰品 DIY	220 元	路邊攤排隊美食 DIY	220 元
把健康吃進肚子─ 40 道輕食料理 easy 做	250 元		

●流行瘋系列

跟著偶像 FUN 韓假	260 元	女人百分百─男人心中的最愛	180 元
哈利波特魔法學院	160 元	韓式愛美大作戰	240 元
下一個偶像就是你	180 元	芙蓉美人泡澡術	220 元
Men 力四射─型男教戰手冊	250 元	男體使用手冊－ 35 歲$^{+}$♂保健之道	250 元
想分手？這樣做就對了！	180 元		

●生活大師系列

遠離過敏─打造健康的居家環境	280 元	這樣泡澡最健康─紓壓・排毒・瘦身三部曲	220 元
兩岸用語快譯通	220 元	台灣珍奇廟─發財開運祈福路	280 元
魅力野溪溫泉大發見	260 元	寵愛你的肌膚─從手工香皂開始	260 元
舞動燭光─手工蠟燭的綺麗世界	280 元	空間也需要好味道─打造天然香氛的 68 個妙招	260 元
雞尾酒的微醺世界─調出你的私房 Lounge Bar 風情	250 元	野外泡湯趣─魅力野溪溫泉大發見	260 元
肌膚也需要放輕鬆─徜徉天然風的 43 項舒壓體驗	260 元	辦公室也能做瑜珈─上班族的紓壓活力操	220 元
別再說妳不懂車─男人不教的 Know How	249 元	一國兩字─兩岸用語快譯通	200 元

宅典	288 元	超省錢浪漫婚禮	250 元
旅行，從廟口開始	280 元		

●寵物當家系列

Smart 養狗寶典	380 元	Smart 養貓寶典	380 元
貓咪玩具魔法 DIY一讓牠快樂起舞的 55 種方法	220 元	愛犬造型魔法書一讓你的寶貝漂亮一下	260 元
漂亮寶貝在你家一寵物流行精品 DIY	220 元	我的陽光 ・ 我的寶貝一寵物真情物語	220 元
我家有隻麝香豬一養豬完全攻略	220 元	SMART 養狗寶典（平裝版）	250 元
生肖星座招財狗	200 元	SMART 養貓寶典（平裝版）	250 元
SMART 養兔寶典	280 元	熱帶魚寶典	350 元
Good Dog一聰明飼主的愛犬訓練手冊	250 元	愛犬特訓班	280 元
City Dog一時尚飼主的愛犬教養書	280 元	愛犬的美味健康煮	250 元
Know Your Dog一愛犬完全教養事典	320 元	Dog's IQ 大考驗——判斷與訓練愛犬智商的 50 種方法	250 元
幼貓小學堂一Kitty 的飼養與訓練	250 元	幼犬小學堂—— Puppy 的飼養與訓練	250 元

●人物誌系列

現代灰姑娘	199 元	黛安娜傳	360 元
船上的 365 天	360 元	優雅與狂野一威廉王子	260 元
走出城堡的王子	160 元	殤逝的英格蘭玫瑰	260 元
貝克漢與維多利亞一新皇族的真實人生	280 元	幸運的孩子一布希王朝的真實故事	250 元
瑪丹娜一流行天后的真實畫像	280 元	紅塵歲月一三毛的生命戀歌	250 元
風華再現一金庸傳	260 元	俠骨柔情一古龍的今生今世	250 元
她從海上來一張愛玲情愛傳奇	250 元	從間諜到總統一普丁傳奇	250 元
脫下斗篷的哈利一丹尼爾 ・ 雷德克里夫	220 元	蛻變一章子怡的成長紀實	260 元
強尼戴普一可以狂放叛逆，也可以柔情感性	280 元	棋聖 吳清源	280 元
華人十大富豪一他們背後的故事	250 元	世界十大富豪一他們背後的故事	250 元
誰是潘柳黛？	280 元		

●心靈特區系列

每一片刻都是重生	220 元	給大腦洗個澡	220 元
成功方與圓一改變一生的處世智慧	220 元	轉個彎路更寬	199 元
課本上學不到的 33 條人生經驗	149 元	絕對管用的 38 條職場致勝法則	149 元
從窮人進化到富人的 29 條處事智慧	149 元	成長三部曲	299 元

心態—成功的人就是和你不一樣	180 元	當成功遇見你—迎向陽光的信心與勇氣	180 元
改變，做對的事	180 元	智慧沙	199 元（原價 300 元）
課堂上學不到的 100 條人生經驗	199 元（原價 300 元）	不可不防的 13 種人	199 元（原價 300 元）
不可不知的職場叢林法則	199 元（原價 300 元）	打開心裡的門窗	200 元
不可不慎的面子問題	199 元（原價 300 元）	交心—別讓誤會成為拓展人脈的絆腳石	199 元
方圓道	199 元	12 天改變一生	199 元（原價 280 元）
氣度決定寬度	220 元	轉念—扭轉逆境的智慧	220 元
氣度決定寬度 2	220 元	逆轉勝—發現在逆境中成長的智慧	199 元（原價 300 元）
智慧沙 2	199 元	好心態，好自在	220 元
生活是一種態度	220 元	要做事，先做人	220 元
忍的智慧	220 元	交際是一種習慣	220 元
溝通—沒有解不開的結	220 元	愛の練習曲—與最親的人快樂相處	220 元
有一種財富叫智慧	199 元	幸福，從改變態度開始	220 元
菩提樹下的禮物—改變千萬人的生活智慧	250 元		

● SUCCESS 系列

七大狂銷戰略	220 元	打造一整年的好業績—店面經營的 72 堂課	200 元
超級記憶術—改變一生的學習方式	199 元	管理的鋼盔—商戰存活與突圍的 25 個必勝錦囊	200 元
搞什麼行銷— 152 個商戰關鍵報告	220 元	精明人聰明人明白人—態度決定你的成敗	200 元
人脈＝錢脈—改變一生的人際關係經營術	180 元	週一清晨的領導課	160 元
搶救貧窮大作戰？ 48 條絕對法則	220 元	搜驚 · 搜精 · 搜金 —從 Google 的致富傳奇中，你學到了什麼？	199 元
絕對中國製造的 58 個管理智慧	200 元	客人在哪裡？—決定你業績倍增的關鍵細節	200 元
殺出紅海—漂亮勝出的 104 個商戰奇謀	220 元	商戰奇謀 36 計—現代企業生存寶典 I	180 元
商戰奇謀 36 計—現代企業生存寶典 II	180 元	商戰奇謀 36 計—現代企業生存寶典 III	180 元
幸福家庭的理財計畫	250 元	巨賈定律—商戰奇謀 36 計	498 元
有錢真好！輕鬆理財的 10 種態度	200 元	創意決定優勢	180 元
我在華爾街的日子	220 元	贏在關係—勇闖職場的人際關係經營術	180 元
買單！一次就搞定的談判技巧	199 元（原價 300 元）	你在說什麼？—39 歲前一定要學會的 66 種溝通技巧	220 元
與失敗有約 —13 張讓你遠離成功的入場券	220 元	職場 AQ —激化你的工作 DNA	220 元

智取—商場上一定要知道的 55 件事	220 元	鏢局—現代企業的江湖式生存	220 元
到中國開店正夯《餐飲休閒篇》	250 元	勝出！—抓住富人的 58 個黃金錦囊	220 元
搶賺人民幣的金雞母	250 元	創造價值—讓自己升值的 13 個秘訣	220 元
李嘉誠談做人做事做生意	220 元	超級記憶術（紀念版）	199 元
執行力—現代企業的江湖式生存	220 元	打造一整年的好業績—店面經營的 72 堂課	220 元
週一清晨的領導課（二版）	199 元	把生意做大	220 元
李嘉誠再談做人做事做生意	220 元	好感力—辦公室 C 咖出頭天的生存術	220 元
業務力—銷售天王 VS. 三天陣亡	220 元	人脈＝錢脈—改變一生的人際關係經營術（平裝紀念版）	199 元
活出競爭力—讓未來再發光的 4 堂課	220 元	選對人，做對事	220 元
先做人，後做事	220 元	借力—用人才創造錢財	220 元
有機會成為 CEO 的員工—這八種除外！	220 元		

●都會健康館系列

秋養生—二十四節氣養生經	220 元	春養生—二十四節氣養生經	220 元
夏養生—二十四節氣養生經	220 元	冬養生—二十四節氣養生經	220 元
春夏秋冬養生套書	699 元（原價 880 元）	寒天—0 卡路里的健康瘦身新主張	200 元
地中海纖體美人湯飲	220 元	居家急救百科	399 元（原價 550 元）
病由心生—365 天的健康生活方式	220 元	輕盈食尚—健康腸道的排毒食方	220 元
樂活，慢活，愛生活—健康原味生活 501 種方式	250 元	24 節氣養生食方	250 元
24 節氣養生藥方	250 元	元氣生活—日の舒暢活力	180 元
元氣生活—夜の平靜作息	180 元	自療—馬悅凌教你管好自己的健康	250 元
居家急救百科（平裝）	299 元	秋養生—二十四節氣養生經	220 元
冬養生—二十四節氣養生經	220 元	春養生—二十四節氣養生經	220 元
夏養生—二十四節氣養生經	220 元	遠離過敏—打造健康的居家環境	280 元
溫度決定生老病死	250 元	馬悅凌細說問診單	250 元
你的身體會說話	250 元	春夏秋冬養生—二十四節氣養生經（二版）	699 元
情緒決定你的健康—無病無痛快樂活到 100 歲	250 元		

● CHOICE 系列

入侵鹿耳門	280 元	蒲公英與我—聽我說說畫	220 元
入侵鹿耳門（新版）	199 元	舊時月色（上輯＋下輯）	各 180 元
清塘荷韻	280 元	飲食男女	200 元
梅朝榮品諸葛亮	280 元	老子的部落格	250 元
孔子的部落格	250 元	翡冷翠山居閒話	250 元

大智若愚	250 元	野草	250 元
清塘荷韻（二版）	280 元	舊時月色（二版）	280 元

●FORTH 系列

印度流浪記—滌盡塵俗的心之旅	220 元	胡同面孔— 古都北京的人文旅行地圖	280 元
尋訪失落的香格里拉	240 元	今天不飛—空姐的私旅圖	220 元
紐西蘭奇異國	200 元	從古都到香格里拉	399 元
馬力歐帶你瘋台灣	250 元	瑪杜莎艷遇鮮境	180 元
絕色絲路 千年風華	250 元		

●大旗藏史館

大清皇權遊戲	250 元	大清后妃傳奇	250 元
大清官宦沉浮	250 元	大清才子命運	250 元
開國大帝	220 元	圖説歷史故事—先秦	250 元
圖説歷史故事—秦漢魏晉南北朝	250 元	圖説歷史故事—隋唐五代兩宋	250 元
圖説歷史故事—元明清	250 元	中華歷代戰神	220 元
圖説歷史故事全集	880 元（原價 1000 元）	人類簡史—我們這三百萬年	280 元
世界十大傳奇帝王	280 元	中國十大傳奇帝王	280 元
歷史不忍細讀	250 元	歷史不忍細讀 II	250 元
中外 20 大傳奇帝王（全兩冊）	490 元		

●大都會運動館

野外求生寶典—活命的必要裝備與技能	260 元	攀岩寶典—安全攀登的入門技巧與實用裝備	260 元
風浪板寶典—駕馭的駕馭的入門指南與技術提升	260 元	登山車寶典—鐵馬騎士的駕馭技術與實用裝備	260 元
馬術寶典—騎乘要訣與馬匹照護	350 元		

●大都會休閒館

賭城大贏家—逢賭必勝祕訣大揭露	240 元	旅遊達人—行遍天下的 109 個 Do & Don't	250 元
萬國旗之旅—輕鬆成為世界通	240 元	智慧博奕—賭城大贏家	280 元

●大都會手作館

樂活，從手作香皂開始	220 元	Home Spa & Bath —玩美女人肌膚的水嫩體驗	250 元

愛犬的宅生活— 50 種私房手作雜貨	250 元	Candles 的異想世界—不思議の手作蠟燭魔法書	280 元
愛犬的幸福教室—四季創意手作 50 賞	280 元		

●世界風華館

環球國家地理 · 歐洲（黃金典藏版）	250 元	環球國家地理 · 亞洲 · 大洋洲（黃金典藏版）	250 元
環球國家地理 · 非洲 · 美洲 · 兩極（黃金典藏版）	250 元	中國國家地理 · 華北 · 華東（黃金典藏版）	250 元
中國國家地理 · 中南 · 西南（黃金典藏版）	250 元	中國國家地理 · 東北 · 西東 · 港澳（黃金典藏版）	250 元
中國最美的 96 個度假天堂	250 元	非去不可的 100 個旅遊勝地 · 世界篇	250 元
非去不可的 100 個旅遊勝地 · 中國篇	250 元	環球國家地理【全集】	660 元
中國國家地理【全集】	660 元	非去不可的 100 個旅遊勝地（全二冊）	450 元
全球最美的地方—漫遊美國	250 元	全球最美的地方—驚豔歐洲	280 元

● BEST 系列

人脈＝錢脈—改變一生的人際關係經營術（典藏精裝版）	199 元	超級記憶術—改變一生的學習方式	220 元

● STORY 系列

失聯的飛行員—一封來自 30,000 英呎高空的信	220 元	Oh, My God! —阿波羅的倫敦愛情故事	280 元
國家寶藏 1 —天國謎墓	199 元	國家寶藏 2 —天國謎墓 II	199 元
國家寶藏 3 —南海鬼谷	199 元	國家寶藏 4 —南海鬼谷 II	199 元
國家寶藏 5 —樓蘭奇宮	199 元	國家寶藏 6 —樓蘭奇宮 II	199 元
國家寶藏 7 —關中神陵	199 元	國家寶藏 8 —關中神陵 II	199 元
國球的眼淚	250 元	國家寶藏首部曲	398 元

● FOCUS 系列

中國誠信報告	250 元	中國誠信的背後	250 元
誠信—中國誠信報告	250 元	龍行天下—中國製造未來十年新格局	250 元
金融海嘯中，那些人與事	280 元	世紀大審—從權力之巔到階下之囚	250 元

●禮物書系列

印象花園 梵谷	160 元	印象花園 莫內	160 元

印象花園 高更	160元	印象花園 竇加	160元
印象花園 雷諾瓦	160元	印象花園 大衛	160元
印象花園 畢卡索	160元	印象花園 達文西	160元
印象花園 米開朗基羅	160元	印象花園 拉斐爾	160元
印象花園 林布蘭特	160元	印象花園 米勒	160元
絮語說相思 情有獨鍾	200元		

●精緻生活系列

女人窺心事	120元	另類費洛蒙	180元
花落	180元		

● CITY MALL 系列

別懷疑！我就是馬克大夫	200元	愛情詭話	170元
唉呀！真尷尬	200元	就是要賴在演藝	180元

●親子教養系列

孩童完全自救寶盒（五書＋五卡＋四卷錄影帶）	3,490元（特價2,490元）	孩童完全自救手冊─這時候你該怎麼辦（合訂本）	299元
我家小孩愛看書─Happy 學習 easy go ！	200元	天才少年的5種能力	280元
哇塞！你身上有蟲！─學校忘了買、老師不敢教，史上最髒的科學書	250元	天才少年的5種能力（二版）	280元

98-04-43-04 郵政劃撥儲金存款單

收款帳號	1	4	0	5	0	5	2	9	金額 新台幣（小寫）	億	仟萬	佰萬	拾萬	萬	仟	佰	拾	元

通訊欄（限與本次存款有關事項）

我要購買以下書籍

書名	單價	數量	合計

購書金額未滿600元，另加收60元國內掛號郵資或貨運專送運費。

總計數量及金額：共＿＿＿本，合計＿＿＿元

收款戶名：大都會文化事業有限公司

寄款人 □他人存款 □本戶存款

姓名

地址 □□□－□□

電話

主管：

經辦局收款戳

虛線內備供機器印錄用請勿填寫

◎寄款人請注意背面說明

◎本收據由電腦印錄請勿填寫

郵政劃撥儲金存款收據

收款帳號戶名

存款金額

電腦紀錄

經辦局收款戳

郵政劃撥存款收據注意事項

一、本收據請妥為保管，以便日後查考。

二、如欲查詢存款入帳詳情時，請檢附本收據及已填妥之查詢函向任一郵局辦理

三、本收據各項金額、數字係機器印製，如非機器列印或經塗改或無收款郵局收訖章者無效。

大都會文化、大旗出版社讀者請注意

一、帳號、戶名及寄款人姓名地址各欄請詳細填明，以免誤寄；抵付票據之存款，務請於交換前一天存入。

二、本存款單金額之幣別為新台幣，每筆存款至少須在新台幣十五元以上，且限填至元位為止。

三、倘金額塗改時請更換存款單重新填寫。

四、本存款單不得黏貼或附寄任何文件。

五、本存款金額業經電腦登帳後，不得申請撤回。

六、本存款單備供電腦影像處理，請以正楷工整書寫並請勿摺疊。帳戶如需自印存款單，各欄文字及規格必須與本單完全相符；如有不符，各局應婉請寄款人更換郵局印製之存款單填寫，以利處理。

七、本存款單帳號與金額欄請以阿拉伯數字書寫 。

八、帳戶本人在「付款局」所在直轄市或縣(市)以外之行政區域存款，需由帳戶內扣收手續費 。

如果您在存款上有任何問題，歡迎您來電洽詢
讀者服務專線：(02)2723-5216(代表線)
為您服務時間：09：00～18：00(週一至週五)
大都會文化事業有限公司　讀者服務部

交易代號：0501、0502 現金存款　0503票據存款　2212 劃撥票據託收

有一種境界叫捨得

作　　者　黃冠誠

發 行 人　林敬彬
主　　編　楊安瑜
編　　輯　李彥蓉
內頁編排　帛格有限公司
封面設計　劉秋筑

出　　版　大都會文化事業有限公司　行政院新聞局北市業字第89號
發　　行　大都會文化事業有限公司
11051台北市信義區基隆路一段432號4樓之9
讀者服務專線：(02)27235216
讀者服務傳真：(02)27235220
電子郵件信箱：metro@ms21.hinet.net
網　　　址：www.metrobook.com.tw

郵政劃撥　14050529 大都會文化事業有限公司
出版日期　2010年10月初版一刷　2014年2月初版十五刷
定　　價　220元
ISBN　978-986-6152-00-9
書　　號　Growth-036

4F-9, Double Hero Bldg., 432, Keelung Rd., Sec. 1,
Taipei 11051, Taiwan
Tel:+886-2-2723-5216　Fax:+886-2-2723-5220
Web-site:www.metrobook.com.tw
E-mail:metro@ms21.hinet.net

大都會文化 METROPOLITAN CULTURE

國家圖書館出版品預行編目資料

有一種境界叫捨得／黃冠誠著. -- 初版.
-- 臺北市：大都會文化, 2010. 10
面； 公分. --

ISBN 978-986-6152-00-9（平裝）
1.人生哲學　2.修身

191.9　　99017022

大都會文化 讀者服務卡

書名：**有一種境界叫捨得**

謝謝您選擇了這本書！期待您的支持與建議，讓我們能有更多聯繫與互動的機會。

A. 您在何時購得本書：______年______月______日

B. 您在何處購得本書：____________書店，位於____________(市、縣)

C. 您從哪裡得知本書的消息：

1.□書店　2.□報章雜誌　3.□電台活動　4.□網路資訊

5.□書籤宣傳品等　6.□親友介紹　7.□書評　8.□其他

D. 您購買本書的動機：（可複選）

1.□對主題或內容感興趣　2.□工作需要　3.□生活需要

4.□自我進修　5.□內容為流行熱門話題　6.□其他

E. 您最喜歡本書的：（可複選）

1.□內容題材　2.□字體大小　3.□翻譯文筆　4.□封面　5.□編排方式　6.□其他

F. 您認為本書的封面：1.□非常出色　2.□普通　3.□毫不起眼　4.□其他

G. 您認為本書的編排：1.□非常出色　2.□普通　3.□毫不起眼　4.□其他

H. 您通常以哪些方式購書：(可複選)

1.□逛書店　2.□書展　3.□劃撥郵購　4.□團體訂購　5.□網路購書　6.□其他

I. 您希望我們出版哪類書籍：（可複選）

1.□旅遊　2.□流行文化　3.□生活休閒　4.□美容保養　5.□散文小品

6.□科學新知　7.□藝術音樂　8.□致富理財　9.□工商企管　10.□科幻推理

11.□史哲類　12.□勵志傳記　13.□電影小說　14.□語言學習（_____語）

15.□幽默諧趣　16.□其他

J. 您對本書(系)的建議：

____

K. 您對本出版社的建議：

____

讀者小檔案

姓名：________________ 性別：□男 □女　生日：____年____月____日

年齡：□20歲以下 □21～30歲 □31～40歲 □41～50歲 □51歲以上

職業：1.□學生 2.□軍公教 3.□大眾傳播 4.□服務業 5.□金融業 6.□製造業

7.□資訊業 8.□自由業 9.□家管 10.□退休 11.□其他

學歷：□國小或以下 □國中 □高中／高職 □大學／大專 □研究所以上

通訊地址：____

電話：（H）________________（O）________________ 傳真：________________

行動電話：____________________E-Mail：______________________________

◎謝謝您購買本書，也歡迎您加入我們的會員，請上大都會文化網站 www.metrobook.com.tw 登錄您的資料。您將不定期收到最新圖書優惠資訊和電子報。

有一種境界叫捨得

北區郵政管理局
登記證北台字第9125號
免　貼　郵　票

大都會文化事業有限公司
讀　者　服　務　部　　收

11051台北市基隆路一段432號4樓之9

寄回這張服務卡〔免貼郵票〕
您可以：
◎不定期收到最新出版訊息
◎參加各項回饋優惠活動